身軽に、
豊かに、
自分らしく

50歳からのミニマリスト宣言！

筆子

扶桑社

はじめに

50代は人生を変えるタイミングです

はじめまして、筆子です。私は昭和34年生まれ、60代のブロガーでカナダに住んでいます。「筆子ジャーナル」というブログで、ミニマリストの暮らしを発信し始めて9年目に入りました。

今回、この本で、50代に入った方にもっとシンプルな暮らしをおすすめできたらいいなあ、と考えています。ミニマルな暮らしは、中高年から老後のライフスタイルに向いていると思うからです。

50歳になると、誰しも、「これからどんなふうに生きていこうか」と考えるものです。人生の棚卸しをしたくなりますよね。 自分がどういう人間なのかは、ある程度わかっています。好きなものも見えているし、もう周囲に対して見栄を張る必要もありません。これからは、自分が本当にしたいことをしたいですよね？

そんなとき、今の生活に関係ないものやタスクは、自分の足を引っ張ります。あなたが、これからどんなことをしたいにせよ、その暮らしを実現させるためにミニマルライフほど役立つものはないでしょう。子育ても終わり、老後が近づいてくる50代こそ、ミニマルライフに転換する絶好のタイミングだと思うのです。

ミニマリストと聞くと、ものを捨てることや何もない部屋をイメージする人が多いでしょう。ですが、ミニマリストはそのような部屋に住む人のことではありません。自分らしく生きたいときに邪魔になるもの、関係のないもの、負担を強いるものをすべて捨て去り、本当に大切なことに意識を向けて暮らすのがミニマリストです。

私は、〝ミニマリスト＝最小限のもので最大限に暮らすこと〟と定義しています。周囲に流されて、目の前のことに反応しながらあくせく生きるのではなく、「こんなふうに生きていきたい」という意図を持って、日々の生活を楽しむのです。

私も不用品を捨てたおかげで、気持ちと時間に余裕ができました。人が読むブログを書き始め、今、こうして本を執筆できているのも、ミニマルな暮らしのおかげです。

ミニマリストになった理由は、50歳で貯金も収入もなかったこと

私は50歳になったとき、本格的にミニマルな暮らしを始めました。若い頃は、服、靴、バッグ、雑貨、書籍を大量に所有し、部屋の中はものだらけ。片づけてもすぐに散らかる部屋に嫌気がさして、初めて大々的にものを捨てたのは、27歳の夏のことです。ただ、その後はリバウンドを繰り返しました。

40代の半ばに、一人娘が小学校に入学して時間の余裕ができたこともあって、何度目かの不用品の処分を始めました。かなりやる気がありましたが、「この服は、またいつか着るかも」とか、「中国語の教材は時間ができたときにやろう」などと考え、「まだ使えそうなもの」をキープしてしまいました。一方で、インターネットの通販やオークションで、自分用の安い服や雑貨、娘の服などを買うことも続けていました。

40代が終わり、50歳の誕生日を迎えた日、貯金がまったくない現実に直面しました。その日、「もう50歳なのに、貯金も収入もない」と日記に書いたことを覚えています。

娘が生まれてから専業主婦だったので自分の収入がなく、ＯＬ時代に貯めたお金を取り崩して生きてきましたが、それも底を突いてしまったのです。夫もお金がなかったのでこちらには全然回ってきませんし、今後もそんな見込みはゼロでした。

困りました。近い将来、娘の大学の学費が必要だし、何より私は歯が悪く、歯の治療にずいぶんお金がかかっていました。「このままではまずい」と焦った私は、「生活を変えたい。いっそミニマリストになってしまえばいいのかも？」と考えました。

当時、アメリカのミニマリストたちのブログをよく読んでいましたが、彼らがミニマルライフのメリットとして、「お金が残る」と書いていたのです。**本当に必要なものや体験を買うことだけにお金を使い、そうでないものは買わないからです。**「確かに、そのとおりだ」と思いました。お金がない私には余分なものを買う余裕はなかったので、「ミニマルライフは私にぴったりだ」とうれしくなりました。

エコロジーに興味があったことも、暮らしをミニマルにした理由のひとつです。娘が生まれてから、健康的なライフスタイルや子どもたちの未来につながる地球環境を守ることに興味を持ち始めました。しかもエコな生活は、お金がかかりません。余計なものを買わないし、使い捨てをやめて、ひとつひとつをしっかり使いきるからです。

捨てる罪悪感を乗り越えて、ミニマルライフを始めてみる

ブログの読者の方から、「ほとんど使っていないものを捨てるのは罪悪感がある」という相談をよくいただきます。でも、それは捨てない言い訳にすぎないと思います。使わずそこに放置すると、ものを活かすことはできませんから。**本当にものを大事にしたいなら、実際に自分で使うか、使ってくれる人の手に渡さなければなりません。そのためには、家の外に出す必要があります。そのままずっとどこかにしまい込んでいても、いつか誰かがその品物を捨てるだけです。**

まずは、ミニマルライフを始めてみることが大切。最初から、いきなり、ものを大量に捨てなくても大丈夫です。

私の夫は、ものをため込むタイプなので、わが家は私の部屋以外は雑多なものがあ

って、とてもミニマリストが住む家には見えません。そんな環境でも、ミニマルに暮らすことは可能です。**大事なのは「ミニマルに暮らしたい」というその気持ち、そして、望む生活を目指して、毎日少しずつものやタスクを見直していくことです。**

私も最初は、キッチンの流しだけを毎日磨き、合間に15分で不用品を27個捨てるという作業を続けて、捨てることを習慣づけました。ほかにもいろいろな捨てプロジェクトを考え、楽しみながらやってきて、今もそうしています。

ごく簡単なことを毎日続ければ、ミニマルライフは誰でも実現できます。その暮らしは自分らしく、とても楽しいもの。50代以降をもっと充実させたいあなたに、この本が役立つことを願っています。

筆子

50歳からのミニマリスト宣言！ 目次

第2章

ミニマルライフの基本
ものの減らし方・片づけ方

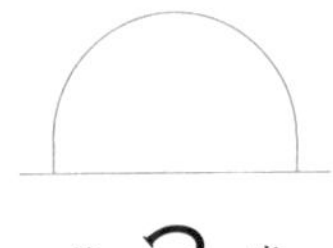

第3章

ミニマルな暮らしでお金の不安から解放される

第4章

体と心が健康になるためにやめたこと・始めたこと

第5章 ミニマルライフを続けて60代以降も楽しく暮らす

第1章

ミニマリストになってよかったこと5つ

よかったこと1

ものが少なくなって「暮らしやすくなった」

不用品を捨てて、ミニマルな暮らしを始めたらいいことがたくさんありました。この章では、私自身がとくに実感した〝よかったこと〟5つを紹介します。ものが少なくなってすぐに実感するのは、その暮らしやすさです。

探し物をしなくていい

ミニマルな暮らしの最大のメリットは、**必要なものを欲しいタイミングでさっと取り出せることです。もう、探し物をしなくてすむのです。**ものがたくさんあると、所持品を把握できません。どこに何が、どれくらいあるのかわからなくなってしまいます。だから、今すぐ使いたいものが見つからず、あちこち探し回るはめに。しかも、ものだらけだと探すのが大変です。箱やケースを引っ張り出して、中身を引っかき回せば、あと片づけも苦労します。ものを使うのに、いちいち時間、体力、精神的エネルギーを無駄に使ってしまうわけです。

私の母は、そのとき手に取りたいものがどこにあるのかわからなくなり、押し入れの前に突っ立って、「どっかにしまい込んじゃったなー」と言うのが口癖でした。母は決してものをため込むほうではないし、整理整頓や掃除もしっかりする、私よりずっとできる主婦でした。それでも世間並みに暮らしていると、ものが増えすぎて何がどこにあるのかわからなくなるのです。

私の夫は、古いものや用が終わったものをいつまでも捨てない人で、ものの扱いに関しては私とは真逆のタイプです。当然、夫の部屋はものだらけ。以前、夫の留守中にサーモメーター（室内の温度を自動的に調節する、寒いカナダにはなくてはならないもの）の調子が悪くなり、古いサーモメーターと今のサーモメーター（夫が勝手に取り替えていた）のマニュアルを見たいときがありました。夫に電話したら「机の隣の箱の中にあるはずだけど、もしそこになかったら、あっちの引き出しかも……」という、あいまいな答えが返ってきました。夫の部屋に行ったら、あたり一面がものだらけで気分が悪くなり、とても探す気になれませんでした。

私は持っているものも収納した場所も、ほぼ把握しています。家に何があるのか、わからないことはありません。ミニマリストになって、必要なものを探す手間から解放されました。

ものをどかさずに、すぐに作業に取りかかれる

ミニマルな暮らしをすると、**何か仕事をする前にものをどかす作業をしなくていいので、やりたいことにさっと取りかかれます。**所持品が多いお宅にある平面は、たいていもので埋め尽くされています。平面とは、ダイニングテーブルやキッチンのカウンターなど、ある程度、広さがある平らな面のことです。ソファやベッドの上に、関係ないものをいろいろと置く人もいるでしょう。

こうした平面にものをたくさん積み重ねていると、食事、仕事、勉強など、本来や

りたい作業をする前に、上にのっているものを端に寄せる、取り去る、片づけるという仕事をしなければなりません。なかでも、ダイニングテーブルは毎日のように使う場所だから、本来したい作業の前に、ものがなければやらなくてすむ作業をすることに。時間がかかるし、モチベーションダウンの原因にもなります。

リビングがものだらけで、お客さんが来る前に大あわてで片づける人がいます。床に散らばっているものをすべて拾い上げて隣の部屋に投げ込み、ドアやふすまをばしっと閉めて、一時的にもののないスペースをつくり上げて安心します。余計なものを持たなければ、こんな疲れることをしなくてすみます。

管理する手間がなくてストレスが減る

何かを所有すると、それを管理する手間が発生します。洋服ならば、しまう場所を見つけて、たたんだり、ハンガーにかけたりして収納します。洗って日に当て、クリーニングに出し、衣替えをすることも。虫に食われないように防虫剤を用意する必要もあるかもしれません。服の数が増えすぎたら、新たな収納スペースを見つけたり、収納家具を買ったりもします。こうした管理に時間、手間、お金がかかります。**いつも使っているものなら管理のしがいがありますが、使っていない不用品でも、いったん所有すると手放すまでなんらかの管理が必要です。**それを怠ってすべて放置していると、あとでまとめて捨てて重労働になる、自分が死んだあと遺族が苦労して処分するといったツケを払わなければなりません。

私は20代の後半から30代の初め、オフィスで着用する目的でスーツなどわりと高い服を必要以上に買っていました。37歳になる直前、カナダに来ましたが、服は実家に置いてきました。どれも高価で質のいいものだし、まさか、その後何年もカナダに住むとは思っていなかったからです。母は時々私のタンスに風を入れ、服をクリーニングに出してくれていました。でも、結局あるとき、まとめて捨てました。余計なものは早めに処分していれば、無駄な作業をしなくてすんだのです。

部屋が広くなり、生活しやすくなる

当たり前のことですが、不用品を捨て去ってしまえば、今より部屋が広くなります。もう収納しなくていいので収納家具も処分し、広々としたスペースを確保でき、とても生活しやすくなります。「ものが多すぎて、ヨガマットすら敷けなかった」とメールをくれたブログの読者がいましたが、こんな窮屈な生活をしなくてすむのです。

部屋が広々とすると、年齢を問わず、その日から生活しやすくなりますが、とくに高齢者には恩恵があります。65歳以上の人の怪我の原因で一番多いのが転倒です。老化により筋力が衰え、平衡感覚が鈍くなり、転びやすくなるのです。室内にものが多すぎて動きにくかったり、家具にぶつかったり、コードに足を引っかけたり、床に落ちているものにつまずいたりして転びます。

ものが少なければ、万が一、地震に遭ったときの被害も最小限に抑えることができるし、緊急事態に最短距離を逃げることができます。

よかったこと2

余計なものは買わなくなって「お金が貯まった」

ミニマルライフのメリット、ふたつ目はお金が残ることです。そもそも私がミニマリストになろうと思ったのは、50歳のとき、貯金も収入もなかったから。実際に余計なものを買わなくてよくなり、その分のお金を貯金や自分が本当に欲しいもの、やりたいことに使うことができるようになりました。

今あるものをとことん使うようになる

ミニマリストになって、人一人が暮らすのに今までものを持ちすぎていたこと、そして必要なものはそんなに多くないことに気づきました。

私は20代～30代の頃、通販が好きだったので、頒布会を利用して服や雑貨を買い集めていました。読書が趣味なので、本もたくさん持っていました。今思うと、どれも必要だから買っていたわけではありません。買い物は楽しいし、ストレス解消になったから買っていました。頒布会は、注文額に応じてもらえるおまけが欲しくて続けていたようなもの。素敵な服がたくさんあればきれいになれそう、本をたくさん買えば賢くなれそう、そんな幻想もありました。

ミニマルライフに切り替えてからは、**「今本当に必要なもの」と「生きるのに必要ではないけれど、あれば確実に生活が豊かになるもの」を厳選して所有するよう心がけています。**すると、服は20着もあれば十分だと気づきました。少ない服をとことん着る生活にシフトしたら、毎年のように買う必要はなくなりました。食器や雑貨も今使うものだけを残し、それが壊れるまで使います。

ミニマリストになると、「もう使わなくてもいいもの」や、「常備しておく必要のないもの（洗剤や調味料、日用雑貨など）」について考えるようになります。本当に必要なものだけで暮らすのが理想ですから。

自分にとって所有したり、使ったりする意味のないものを、どんどん削ぎ落としていきました。髪は湯シャンでセルフカットにし、日焼け止め以外の化粧もやめたので、美容代はほぼゼロです。掃除は重曹やお酢を使うエコクリーニングだから、さまざまな住宅用の洗剤も買っていません（夫は自分の好みで買っていますが）。ベッドや普通の枕など、使わなくなったものはほかにもいろいろあります。砂糖やカフェインをやめて水とハーブティーを飲んでいるので、嗜好品に使うお金も減りました。

これまで、**たくさんのものを買うのに使っていたお金を、別のものに回すことができています。**私の場合は、娘の家賃の補助や歯医者代にお金がかかっているので「好きだから」というより、やむをえずお金を使っていますが、以前のように不用品をどんどん買っていたら、もっと苦しい生活になっていたでしょう。

狭いスペースで暮らせるから住居費が減る

2014年の秋から住み始めた今の家は、その前に住んでいた家の半分以下のスペースなので、街中の便利な場所に引っ越したのにもかかわらず、家賃と光熱費が下がりました。月に2万~3万円の減額です。こんなふうに生活をダウンサイジングできたのも、ミニマルライフのおかげです。所持品が少ないから、狭いスペースでも暮らせるのです。

引っ越しのとき、家具を含め、かなりのものを手放しました。ものを捨てたがらない夫も背に腹は代えられず、あれこれ捨てていました。

とはいえ、夫はまだまだたくさんものを持っているので、夫の部屋も収納スペースも「捨てないもの」でいっぱいです。しかし、私自身はあまりものを持っていないので、家族がもの持ちでもダウンサイジングを実行できました。

家は、人が持っている一番大きな収納スペースです。不用品をたくさん詰め込むのは、使わないもののために住居費や光熱費を払うようなもの。多くの人は、収納スペースがたっぷりある家に住みたがりますが、収納スペースが大きければ大きいほど、今使わない不用品がたまっていきます。

自分にとっての大事なものがわかる

私も夫と暮らし始めた当初は、「こんなキッチンにしたい、あんな食器を使いたい」という夢やこだわりがありました。当時、栗原はるみさんのムックや石黒智子さんの本、おしゃれな生活を提案している生活雑誌を見て参考にしていました。

メディアが提案する生活をいろいろ見て考えた末、食器はカーラというドイツのメーカーの白いシンプルなもの、グラスはフランスのデュラレックスのもの、カトラリーはデンマークのカイ・ボイスンのものでそろえたいと思いました。どれも私にとっては安くはないので、ひとつ、またひとつとわざわざ日本の楽天市場で買い、少したまったところで母に船便でこちらに送ってもらっていました。

ところが、夫は料理を積極的にやるタイプで食器も自分の好きなものを使いたがるため、キッチンを私好みにしようとしたら、すぐに夫と衝突しました。夫がダイニングテーブルの上に置きっぱなしにする、ものすごく趣味の悪いピンクとオレンジの縞模様のランチョンマットを、苦々しく見つめる毎日が続きました。
好きなものを使えないストレスをためていましたが、暮らしをミニマルにする過程で考え方が変わりました。ミニマルライフは本当に大事にしたいものを、大切にする暮らしです。**「私にとって、本当に大事にしたいものはなんだろう？」と考えてみたら、キッチンを自分好みにするより、家族と仲良く暮らすことのほうが重要だと気づきました。そのために必要なのは、ものではなくコミュニケーションと思いやり、そして、譲り合いといった気持ちです。**

好みのキッチンにするのは私のエゴにすぎないし、それは本当にやりたいことではない。そう気づいたあとは、高い食器を無理して日本から取り寄せるなんて、まったくエコではない行動はやめて、手近にあるもので間に合わせるようになりました。

気持ちに余裕ができて「イライラしなくなった」

ミニマリストになってよかったこと3つ目は、これが一番大きな効果を感じているのですが、ストレスが減って気持ちに余裕ができたことです。イライラしなくなり、心穏やかに暮らせるようになりました。しかも、毎日楽しいのです。

やるべきことが減り、ストレスが軽減した

所持品を減らしたら、ごちゃごちゃした部屋から解放され、視覚的ノイズが減り、イライラしなくなりました。部屋が散らかっても、簡単に元に戻すことができます。ものだらけの環境の中にいると、無意識のうちに「ああ、早く片づけなきゃ」とか「自分の部屋なのに、きれいにできないなんて」という、やるべき仕事ができていない焦

りを感じます。その気持ちは自己嫌悪につながり、セルフイメージが悪くなりますが、ミニマルに暮らせば、こんな嫌な気分を感じなくてすむのです。

「暮らしやすくなった」の項目で書いたように、ものの管理から解放されるので、気持ちと時間に余裕ができます。どんなものでもいったん所有すると、それを管理する手間が発生します。置き場所を考えたり、収納したり、洗ったり、出して使ったらあと片づけをしたり、傷まないように心をくだいたり。**所持品が多ければ多いほど手入れやメンテナンスを要するものが増えるため、考えることややるべきことが増え、心身ともに疲れてしまいます。**

さらに、ものが多いと散らかりやすく、あと片づけが大変です。私も、以前はそんな環境で暮らしていました。本箱に入りきらない本や雑誌が床に山積みになっていて、毎朝その山を整えようとしていましたが、どう並べてもスッキリしません。本や雑誌の数が多すぎたのです。数を減らした今は、調べ物のために取り出しても、終わればさっと元の場所に戻すだけです。

「お金が貯まった」の項目でも書いたように、自分好みにしたいという強いこだわりを捨てることができたのも、気持ちに余裕を生みました。夫の好みである、醜悪なランチョンマットや土が落ちるのにテーブルに置かれた植木鉢を見ても、そこまで強い憎しみは感じなくなったのです。「できれば、これを置かないでほしい」と夫に伝えはしますが、力でねじ伏せたい衝動はなくなりました。

私が態度を変えたら夫の態度も変わり、今はピンクとオレンジのランチョンマットを見なくてすんでいます（まだ、夫は所有していますが）。私は決して人格者ではありませんが、ミニマルに暮らし始めたおかげで、イソップ物語の「北風と太陽」のような行動ができるようになったのです。

大事なときにベストな決断ができる

たくさんの服を持っていた若いときは、朝、会社に着ていくものを決めるのによく迷っていました。いったん服を着て鏡を見るとしっくりこないので、別の服に着替えてみる。こんなふうに、朝から迷うことに頭を使って疲れていました。

今は毎日似たようなものを着ているので、迷う余地はいっさいありません。服もバッグも靴も事前に決まっているので、外出の支度はあっという間に終わります。着るものに限らず、人生は決断と選択の連続です。何を食べるか、何を買うか、いつ、どこに行くか、どの仕事からやるか、誰と会うか、どんなふうに家事をするかなど、私たちはたくさんの意思決定をしながら生きています。決断を要することが多すぎると人は決断疲れを感じ、肝心のことを決めるエネルギーがなくなります。

所持品を減らせば、着るもの、使うもの、やるべきことは、ある程度決まってくるので、決断疲れにさいなまれません。その結果、大事なことをじっくり考えられるし、ベストな決断ができます。

── 自分のための時間が増える

ものが少ないと、不用品の管理をしなくてすむし、あれこれ迷わなくてもいいので、時間ができます。思えば、昔の私は、ずいぶんものの管理に時間を使っていました。

朝、着るものに迷う話を書きましたが、その日のコーディネートを決めるために、脱ぎ着した服は床に放置しました。朝は余裕がないですから。会社から帰ってきてから、落ちていた服を拾って洋服ダンスに戻していました。タンスもファンシーケースの中もびっしりだったので「さっと戻す」というより、すき間を見つけて「押し込む」感じです。服が少なければ、コーディネートに迷うことも、収納場所を考えることも、タンスの中に押し込むこともしなくてすんだはず。その分の時間を、リラックスしてお茶を飲みながら新聞に目を通すなど、自分の時間に使えたでしょう。

ものを管理する行為のなかには、買い物も入っています。今の私は使うアイテムそのものが減り、日々使うものの定番がある程度決まっているので、買い物時間も大幅に減りました。買い物は思いのほか時間がかかるので、これは大きな収穫でした。

前向きに生きられるから楽しい

ミニマルライフでは、今の自分にとって、重要でないことや自分のためにならないことは、ものもタスクもどんどん削ぎ落としていきます。そのため、私は、「どんなふうに暮らしていきたいのか？」「これは私らしいやり方か？」「今、一番大事なことはなんだろう？」とよく考えるようになりました。

本当に大事にしたいことに時間やエネルギーを注ぐことができるように、普段の生活で、「こんなふうに変えるといいかもしれない」と思いついたことや、本やメディアで見て「この方法はいいかもしれない」と感じたことはどんどん試しています。

もう何年も、「30日間チャレンジ」をしています。1カ月だけ取り組んでみたいこと、試しにやめてみることを決めてやってみます。お正月に1年の目標を立てる要領で、1カ月ごとにテーマを決めます。たとえば、本を執筆している月は「毎朝、1時間原稿を書くこと」が目標です。ほかにも、買わない挑戦、パントリーチャレンジ（パントリーの中にあるものを食べ尽くす挑戦）など、いろいろなチャレンジを自分で考えてやっています。

こんなふうに小さな目標を立てて、その目標をクリアしていくと、自分の成長が感じられます。達成感も得られるので、日々楽しく暮らせますよ。

よかったこと 4

大事なものの優先順位がわかって「健康になった」

ミニマルな暮らしにしてから、より健康になりました。「私にとって大事なものはなんだろう？」と考えたとき、健康でいることが優先順位の上のほうに来たからです。毎日元気で暮らすために、質のよい食事と睡眠、定期的な運動を心がけています。

甘党の私が甘いものを食べない暮らしに

持たない生活を追求しているうちに、**家の中だけでなく、「体の中にもジャンクなものを入れたくない」と思うようになり、体に悪いものは避けています。**一番大きく変わったのは砂糖を摂らなくなったことです。

その結果、イライラすることが少なくなりました。ほかにもいろいろ健康にいいことをしているので、すべてが砂糖を摂らないおかげとは言いきれませんが、いつも元気でメンタルが安定。好きなことや仕事に集中できるのは、砂糖をやめたせいだと確信しています。

もともと私は、みたらし団子や大福などが大好物で「甘党式部」というハンドルネームを使っていたぐらいでしたから、砂糖をやめたのは画期的なことでした。きっかけは、２０１４年に『白砂糖の害は恐ろしい――これを防ぐために』という本を読んだことです。50代になってから食生活に気を使っていましたが、その頃はちょっと乱れていました。趣味だったお菓子作りも頻度は減ったとはいえ続けていたし、夫が甘いものやスナック菓子が好きなので、つき合ってよく食べていたのです。

その年のハロウィンの翌日、余ったお菓子（戸口に来る子どもたちのために用意したもの）を夫と食べているとき、「ああ、もうこんな生活はやめよう」と突然すとんと決意できました。以来、制限の厳しさはその時々で変わっていますが、基本的に甘いものは食べません。

オーガニックフード生活が本格化

食生活における、もうひとつの変化は、オーガニックフードをよく食べるようになったことです。39歳で娘を出産後、オーガニックフードを買うことが増えました。でも、価格が高いので、10年ほどは夫（オーガニックや遺伝子組み換えは気にしない人）が買ってくる普通の食材を食べながら、自分や娘が消費するお茶、果物、オートミール、おやつを中心に購入していました。

53歳になり、執筆業で自分の収入を得るようになってから、オーガニックフードの購入が増えました。50代半ばに、徒歩圏にオーガニックフードのスーパーがある場所に引っ越して以降は、おもにこの店で食材を買っています。新型コロナウイルスの流行をきっかけに、今は2週間に一度、店から食品を届けてもらっています。

利用するのは基本的にこのスーパーだけですが、ナッツはアマゾンで毎月1回、定期購入しています。だし昆布、米、オートミールもアマゾンで買うことが多いです。

同じ製品でも、アマゾンのほうが安いからです。**高くてもオーガニックを選ぶのは体にいいからですが、この農法で作物を作っている地元の生産者をサポートしたい気持ちもあります。**

睡眠の大切さを再確認して朝型になった

睡眠は健康にとって不可欠ですが、ミニマルライフにしたら規則正しい生活になり、早寝早起きが定着しました。もともと私は朝型で、夜が苦手です。それでも昔は、夜遅くまでパソコンに向かって読んだり書いたりしていて、家族のなかで一番遅くに起きて、あわてて娘のお弁当を作っていた時期がありました。

朝が遅いと、1日があっという間に終わってしまうので、朝型にしたほうがいいと思っていましたが、やりたいことがいろいろあって、ずるずると夜更かしをしていたのです。しかし、**ミニマルライフのおかげで、パソコンに向かって時間をつぶすことより健康を大事にすることを優先するようになり、その結果、睡眠をしっかり取るようになりました。**

私は7時間半以上寝ないと調子が出ません。寝不足の日は、やるべき仕事をやらずに関係ないことやどうでもいいことを、ついインターネットで読み始めて時間を無駄に使ってしまいます。そして、自己嫌悪に陥るというよくないパターンにはまる日が、実は今でもあります。誰も監視する人がいないブログの仕事は、自己管理ができないとどこまでもサボってしまいますが、**睡眠をしっかり取るようにしたら、自己管理能力も向上しました。**

運動で自己肯定感も上がった

50歳の秋からスロージョギングを始め、冬場ものすごく寒いとき（氷点下15℃より寒い日は走らない）や路面が凍って危ないとき以外は、毎日走っています。これも健康に一役買っています。スロージョギングを始めたのも、持たない暮らしにしたのがきっかけです。50歳になった年（2009年）の秋、当時購読していた、All Aboutガイドの「シンプルライフ」というメルマガでスロージョギングを知りました。

肩こりと運動不足を解消するため、すでに毎朝45分ほど歩いていましたが、冬が近くなり、ウォーキングしているととても寒かったので、挫折寸前でした。運動は苦手で嫌いなので、走るなんてもってのほかだから、ジョギングするなんて夢にも思いませんでした。でも、スロージョギングはその名のとおり、とてもゆっくり走るので自分にもできそうな気がしたし、実際にゆっくり走ってみたら、高校を卒業して以来、30年以上走っていなかったのに30分走ることができてびっくり。始めて半年ほどで、健康になったと実感しました。めっきり風邪をひかなくなったのです。

気持ちもおおらかになりました。私は子どもの頃からこらえ性がなく、すぐにカッとなるほうでした。毎朝のんびり走るようになったら、小さなことでくよくよしたり、ささいなことにイライラすることがなくなりました。早朝、どこまでも続く空やきれいな月、川の流れ、木々を眺めながら走っていると、小さなことなんてどうでもよく思えるのです。

「毎日走る」という自分との約束を守っているうちに、自己肯定感が上がり、自信がつきました。スロージョギングは50歳になって始めてよかったことのひとつです。

よかったこと5

自分らしく「好きなことができるようになった」

ミニマリストというと、所持品が少ない人を思い浮かべるでしょうが、ものを持たないことは一面にすぎません。重要なのは、どうでもいいことにかかずらわるのをやめて、大事なことだけにエネルギーを注ぐという点です。その結果、自分らしい生活が実現するのです。

「これからどうしたらいい？」の不安を解消

50代になると、老後に対する不安を感じ、「これからどう生きるか？」という問題に直面します。子育てという大きな使命が終わり、自分にはなんの役割もないと、心にぽっかり穴があく人もいます。ようやく子育てが終わったと思ったら、すぐに親の介護に突入して、「なんのための人生なんだろう」とむなしさを感じる人もいるでしょう。仕事に専念してきた人も、早期退職や定年前の不安を感じるものです。体力の衰えや健康の不安も感じ始めますよね。

私は、50歳のときは11歳だった娘の面倒を見ていたし、母は日本で元気に一人暮らしをしていたので、空の巣症候群（子どもの自立によって、喪失感を抱くこと）や介護の悩みとは無縁でした。しかし、先にも書いたように、貯金がないことからくる老後に対する不安が心に重くのしかかり、どんよりとした気分になりました。「これからいったいどうしたらいいのか？」と。

そんな私を助けてくれたのがミニマルライフです。何事もシンプルにしていくうちに私は不安から解放され、やりたいことに打ち込めるようになりました。**ミニマリストは、物理的なもの、タスク、思考、人間関係、すべてにおいて余計なものを持たないので、頭の中が混乱しませんし、混乱してもすぐに立ち直れます。混乱しないから、自分の行きたい方向がよく見えるのです。**

自分に向き合う習慣がついた

ミニマルに暮らすようにしたら、自分と向き合う習慣がつきました。今は毎朝、頭の中にあることを紙に書き出し、心の整理をしています。

主婦は、たとえ外で仕事をしていなくても、日々のルーティン家事と家族のための雑事で1日が終わってしまうことがあります。私は子どもは一人だけですが、周りに親戚がいないので、いついかなるときも自分で子どもの世話をしてきて、娘が小学校にあがるまではいつも一緒にいました。

夫はわりと育児を手伝ってくれましたが、娘が幼いときは「実家に頼めたらラクだったのに」と思うことが何度かありました。私の母は世話好きで子ども好きなので、近くに住んでいたら、喜んで孫の世話をしてくれたでしょうから。

そんなふうに、以前はずっとその日やるべきことに追われていて、先のことや自分のことについて、じっくり考えられませんでした。目の前のことに振り回されて、人生を俯瞰（ふかん）で見られなかったのです。

その一方で、余計な考え事には時間を使っていました。心配や不安はストレス以外何も生み出さないのに、「どうしよう、お金がなくて不安だ」などとぐずぐず考えていたのです。**ミニマリストになってからは、不安だけが増えてお金は増えない思考の無駄を捨てて、もっと建設的に考えられるようになりました。そして、実際に、お金を貯める行動に出ることができました。**

―― 趣味を楽しみ、人生が充実した

やりたくないことや、やらなくてもいいことを手放してできた時間を、私は趣味に使っています。私の趣味はミニマルライフの追求、語学、ブログ、読書、塗り絵など。生活を改善するために、小さな目標を立ててクリアしていくのも、趣味と言えるかもしれません。あとになってブログは、仕事に結びつきました。

初めてネット上に文章を書いたのは、２００３年の8月の終わり。娘が幼稚園に入る直前でした。それから9年ほど、身辺日記のようなブログを毎日書いていましたが、

人に読んでもらうことは考えていませんでした。ところが52歳になって、ひょんなことから、人が読むことを意識したブログを書き始めました。

ブログにはいろいろなメリットがあります。備忘録、頭の整理ができる、自己表現、独自の研究の場として使えるなど。私もこうしたメリットを享受しつつ、ずっとブログを書いていますが、それが本の出版につながりました。書いている内容は、自分が好きなミニマルライフや語学の話で完全に趣味の延長です。こんなことができたのも、ミニマルに暮らし始め、自分が本当にしたいことを見つけてやり続けたからだと思います。

第2章からは、「ミニマルライフを実現し、余計なものを手放す」方法を具体的に紹介します。時間、気持ち、お金に余裕が生まれ、本当にやりたいことをすると、前向きに生きられます。

第2章

ミニマルライフの基本

ものの減らし方・片づけ方

基本編 1

どこから手をつけていいのかわからない人が「初めにやること3つ」

ミニマルな暮らしのために、最初にするべきなのはものを減らすことです。第1章でもお話ししましたが、すぐに「暮らしやすくなった」と実感できるはずです。50代の人はすでに何度か片づけに挑戦し、「いろいろがんばったけどうまくいかない。再スタートするにはどこから始めたらいいの?」と、思っている人が多いと思います。作業を開始する前に、次の3つをしておくと捨てやすいですよ。

1 ゴールを明確にし、作業時間は短めに設定する

すぐに作業を始めたくなりますが、ちょっと待って。捨てる前に準備をすると、失敗が少ないです。と言ってもすごく簡単なことなので、ぜひやってみてください。

時間はかけないと心がける

片づけの時間が長引くと、途中でだれて気が散るので時間は短めにします。私は長くても15分で切り上げています。昔は時間をかけすぎて、たくさんのものを引っ張り出して収拾がつかなくなる、掃除など関係ないことを始めてしまう、作業が終わったあとにどっと疲れてほかのことができない、こんな失敗を何度もしました。

「今日は時間があるから、たくさん片づけたい」と思うときも、15分片づけを一単位として、休憩をはさみながら何単位かしたほうが疲れません。タイマーをセットすると、「作業の終わり」が明確になるので集中して片づけられます。

ゴールと手順をイメージする

作業を開始する前に、これから自分がどんな状態をつくり上げるのか、片づけのゴールと手順を意識しておくと、横道にそれにくくなります。バッグの中の片づけを例に挙げて、説明します。ゴールは、バッグを使いやすくすること。手順は、①中身を全部出してゴミを捨てる②不要なものは所定の位置に戻し、必要なものだけをバッグの中に戻す。これだけですが、イメージしておくと短時間で終わります。

気を散らすものは排除する

片づけを始める前に、気を散らすものはすべて取り除きます。外的なものと、自分の中にある内的なものがありますが、外的なものの代表は家族です。**できるだけ家族の邪魔が入らない時間、たとえば、早朝に片づけます。さらに、テレビやラジオを切る、スマホも切るか機内モードにするか通知音をオフにすると気が散りません。**

片づけをしている最中にほかの用事を思い出して始めてしまうのは、「自分の思いつき」という内的なものに気が散っている状態です。付箋やメモを用意し、急に思い出した家族の用事や仕事の連絡などを書いておき、その時間は片づけに集中します。

2 ― スタートは効果が見える場所をセレクトする

すぐに効果を実感できる場所から始めると、片づけに弾みがつきます。何事も一番エネルギーがいるのは、始めるときです。効果を実感しやすい場所を紹介します。

暮らしやすくなる場所

テーブル、ソファ、床など平面をきれいにすると見た目が変わり、すぐに暮らしやすさを感じます。また、ガラクタをゴミ袋にいっぱい入れて搬出する通路を確保するために、部屋の入り口や玄関先、廊下の隅で邪魔になっているものを撤去します。

よく使う場所

自分や家族がよく使う場所を片づけると、始めたその日から効果を感じられます。キッチンやリビング、洗面所やトイレ、玄関をきれいにするのはどうでしょうか？洗面所や玄関はスペースが狭くて短時間で終わるので、初めの一歩にはおすすめです。

インパクトのある場所

片づけることによって、いきなり世界が変わってしまうような場所から始めるのもいいでしょう。リビングに置きっぱなしで気になっているピアノを捨てる、食事をするたびに端に寄せているダイニングテーブルの上にのっている紙の山を片づけるなど。

明らかにものが多い場所

ものがたくさんあって視覚的ノイズを作っている場所を片づけましょう。捨てるものがどんどん見つかり、弾みがつきます。クローゼット、食器棚、本棚、ゲタ箱、押し入れの中など、ものを押し込んでいる場所はありませんか？

3 ＝ 片づけやすい環境をつくる

なかなか重い腰が上がらないときは、捨てやすい環境づくりから始めましょう。**必要な道具をすべてそろえ、レジ袋やトートバッグに入れて準備をしてください。**必要なのは自治体指定のゴミ袋、軍手、はさみ、ビニールひもぐらいでしょうか？

全部ひとまとめにしてわかりやすいところに置くと、ちょっと時間ができたとき、すぐに片づけに取りかかれます。

ゴミの日のスケジュールも確認しましょう。私はいつもアプリで確認しています。ゴミの日は週に一度、毎週木曜日ですが、その週によって出すゴミの種類が替わるので、アプリで確認すれば間違えません。

普段から集中することを意識すると、片づけ力アップに役立ちます。瞑想をしたり、一人で静かに考え事をする時間をもうけたり。用もないのにSNSをだらだら眺めるのはよくありません。こま切れの情報を追いかけてばかりいると、肝心のときに集中できなくなります。いつもマルチタスクをしている人は、あえてシングルタスクをする機会をつくってください。

体力、気力が衰えていく50代以降は、いかに集中して短時間で片づけられるかが重要です。

基本編2

ものを減らすのが苦手な人でもできる「片づけ3ステップ」

いよいよ実際に片づけ始めてみましょう。「ものを減らすのが苦手だけど、今度こそ成功させたい」と思っている方々のために、計画→実行→持続の3ステップを考えてみました。

1 ちょっとがんばればできる計画を立てる

ものを減らすのが苦手な人は、目標を高くしがちです。今の自分でも、ちょっとがんばればできるような計画を立てましょう。おすすめは、**「1日5分片づける」**こと。タイマーをかけて5分だけテーブルの上を片づけると、意外にいろいろなものが捨てられますよ。5分も時間がないと思うなら、さらにハードルを下げて、**「1個だけ捨て**

たら、今日はそれで終わり」という目標でいきましょう。

「1個ぐらい捨てても何も変わらない」と、思うかもしれません。でも、「たくさん捨てなきゃ」と思いながら何もやらないくらいなら、「1日1捨て」を継続したほうが部屋は片づいていきます。1日1個でも、1年365個の不用品を減らせますよ。

片づけのハードルを下げると継続でき、捨てることに慣れ、ガラクタを見抜く目も養われます。シンプルライフに対するアンテナが立つので、「もっとこんなふうにしたい」とアイデアも思いつき、楽しみながら作業できるようになります。

2 平面をきれいにして暮らしやすさを実感する

基本編1でもお伝えしましたが、ものを減らすのが苦手な人はモチベーションを上げるのが大切。すぐに効果を感じる場所から始めるのがいいでしょう。**一番のおすすめはダイニングテーブル、キッチンのカウンター、居間にあるテーブル、作業机、ソファの上、ベッドの上、床など家じゅうの平らな面です。**こうした場所がきれいだと、ほかが多少ごちゃついていてもスッキリ見えますし、とても暮らしやすくなります。

捨てる区画がはっきりしているから、手をつけやすいという利点もあります。

事務仕事をするためにテーブルの前に座ったら、目の前にあるのはものの山。こんな様子を想像してみてください。モチベーションが下がって気が散りますよね？　おまけに、すぐに作業に取りかかれません。まずは、整理や片づけが必要です。ものの山を端に寄せて、なんとか仕事を始めても、書類がくずれてきたりして。**必要な書類やペンもすぐに出てこないので、仕事に使うべき時間、気力、体力を奪われてしまいます。それに、いろいろ吟味して購入したはずのテーブルを、もの置き場にしてしまうのは残念すぎます。**

実際に机の上の片づけを例に挙げて、やり方を説明します。

1 机の上にあるものをじーっと眺める…そこにあるのが当たり前になっていて、ガラクタの存在に気づいていないことも。改めて、チェックを。

2 明らかなゴミやいらないものを捨てる…ペットボトルやお菓子の包み紙、ダイレクトメールなど、ゴミを捨てるだけでもスッキリします。

３机の上にあるべきではないものを、元の場所に戻す…作業が終わったのに戻していないもの、なんとなく置いてあるものは、本来のあるべき場所に戻します。

この3つを確実にやれば、残るのは机の上になければならないものだけ。コツは、②をしっかり行うこと。机の上に置きっぱなしなのは、ここ数カ月動きがなかった証拠です。本当はいらないものかもしれません。もし、1回でスッキリしなかったら、何回か繰り返し行いましょう。

平面は水平面だけではありません。冷蔵庫の扉や側面、ドアや壁など垂直面のチェックも忘れずに。とっくに期限が切れたクーポン券やおみやげでもらったマグネットが、所狭しと冷蔵庫の扉にくっついていませんか？

3 どうでもいいものを家に持ち込まない

せっかく片づけたのにすぐに元に戻ってしまうときは、なるべく家の中にものを入れないように意識しましょう。散らかる最大の要因は、大小かかわらず、家の中にものをたくさん持ち込んでしまうことですから。持ち込むものを取捨選択すると多少時間はかかっても、ミニマルな暮らしになります。私はがんばって不用品を減らしていたとき、家に入ったものを写真やメモで、すべてチェックしていました。

ものが家に入る経路には、買い物、もらい物、そして知らないうちに入ってしまう、の3つがあります。一番ものを増やすのは買い物。「セールだからお得だ」「かわいい！」「あると便利そう」、こんなあいまいな理由で買う習慣を断ちましょう。**苦労してものを処分した時間や労力を無駄にしないように、本当に必要なものだけを買ってください。**

無料でもらえるおまけも、ものを増やす原因です。「無料でもらわない。お金を払っても欲しいものだけを家に入れる」と、決心しましょう。

知らないうちに入ってくるものは、勝手にポストに投げ込まれるものや家族が外から持ち込むものです。チラシがポストに入るなら、『チラシ不要』と張り紙で明言します。専用のステッカーを貼るのもいいでしょう。わが家もジャンクメール不要のシールを貼っています。カタログがたくさん入るなら、送付元にメール・電話をして止めましょう。家族が持ち込むものに対しては、家族の協力をあおぐ必要がありますので、まずは、自分だけで止められるものをすべて止めてください。

シニアが最初に捨てたいもの

60代以降のシニアになってから初めてものを片づける人は、まず事故につながりやすい危険なものから捨てましょう。もちろん、50代の方も心がけてください。

○通路をふさいでいるもの…移動を妨げて、意味なく床の上にあるものは怪我をする危険があります。

○光を妨げるもの…窓やドアなど光が出入りする場所をふさいでいるものは、すぐに撤去を。暗い部屋は気持ちも暗くします。

○多すぎる装飾品…飾りすぎると、地震のとき落ちてきます。

○大きくて重いもの…食器、家具、家電など、体力が落ちてきたシニアには使い勝手が悪いものです。

実践編1

場所別「すぐ捨てられるもの・捨てたほうがいいもの」

ここからは、場所別に捨て方のヒントを紹介します。この機会に、今の自分に不要なものは、処分を検討しましょう。

キッチン

キッチンは、自分や家族が毎日使う場所。食材、食器、調理ツールと収納するものが多く、散らかりがちです。スッキリさせると、炊事がラクになります。

多すぎるマグカップやコップ

50代になると、子どもが巣立ち始めるので、家族の人数は減ります。食器は一番先に見直すべきですが、とくに食器棚を占領しているのがマグカップやコップ。お土産やプレゼント、粗品でもらうことも多いので増えがちです。よく使うお気に入りのものだけを残して、使っていないものは処分しましょう。

重い食器や調理器具

だんだん体力がなくなっていくので、重い食器や調理器具は積極的に捨てましょう。洗うのもしまうのも疲れます。今は元気でも、ある日突然、五十肩になってしまうかもしれません。おしゃれな鋳物(いもの)の鍋が人気ですが、見た目よりも実用性を重視したほうが、心身ともに軽やかな生活になります。

お菓子作りやお弁当作りグッズ

手作り志向でない人も、子どもが小さいときはちょっとしたお菓子を作ったり、かわいいお弁当を用意したりするものです。現在60代の私も、40代の頃は毎日のようにお菓子を焼いていました。それらの道具はどれもこまごまとし、収納しにくいものばかりです。まだお菓子作りをするなら、よく使うシンプルな道具だけを残します。お弁当やお菓子作りを卒業して使わないなら、思い切ってすべて処分しましょう。

傷んだプラスチックの保存容器

残り物やストックを入れるプラスチックの保存容器は、マグカップやコップと同様、たまりがちです。セットで売られていたり、景品でもらったりする場合も多いでしょう。家族の人数が減れば、料理のボリュームも減り、そんなに保存容器は必要ではないはずです。

また、プラスチックは劣化します。容器に傷があると、電子レンジで加熱したとき、有害な物質が食品につく恐れもあります。状態がよく、フタと本体がちゃんとそろっているものを少数だけ残しましょう。

特殊な調理家電

焼き肉専用グリル、何枚もプレートがあるホットプレート、ワッフルメーカー、ホームベーカリー、フードプロセッサーなど、かつてはホームパーティなどで活躍した調理家電もめっきり出番が減っていませんか？　そろそろ手放しどきかもしれません。残念なことに場所を取るだけですから。

変わった形の食器

変わった形の食器や特別な用途にしか使わない食器を見直し、あまり使わないなら処分しましょう。和洋中エスニックの料理を楽しむ日本では、特殊な食器が増えがちです。私は基本的に何を入れるのにも丸い皿で、スープ類だけボウルを使います。つまり、形としては2種類の食器があれば事足りるのです。

変わった形の食器は、洗いにくい、収納しにくいと、いいところはあまりないと思うのは私だけではないはずです。

何個もある調理器具

しゃもじ、お玉、菜箸、フライ返しなど同じ用途のものを何個も持っているせいで、引き出しの中が満杯になっていませんか？　探しにくいし、取り出しにくいし、そもそも引き出しがさっと開きません。たくさんあると管理の手間が増えるだけです。

普段よく使うのは、使いやすい道具だけです。使っていないものは手放し、使いやすい少数精鋭の道具を残すと、管理がラクになるだけではなく、料理もしやすくなります。

本当はいらないのに惰性で使っているもの

使う必要のないもの、もう使いたくないものは、思い切って捨てます。たとえば、水切りカゴ、食器を洗うスポンジ、除菌剤など。水切りカゴって邪魔ですよね？

8年前に、今の住まいに引っ越してきたのをきっかけに、水切りカゴを捨てました。キッチンが狭いからです。水切りカゴの代わりに、スポンジワイプというコットンとセルロースからできているふきんをカウンターに敷いています。以前は私もプラスチックや金属製の水切りカゴを使っていましたが、場所を取って邪魔になる、見た目にうるさい、清潔に保つのが難しいといった理由で、だんだん使わなくなりました。家族が少なければ洗い物も少ないので、水切りカゴがなくても皿の水切りはできます。私は食器を洗ったら、すぐにふいて食器棚にしまいます。最初は抵抗があった夫も、今は水切りカゴなし生活が当たり前になっています。

食器洗いは、皿についた食品をブラシで落としたあと、スポンジワイプで洗っています。スポンジも処分しました。

水切りカゴやスポンジ、除菌剤など不要なものを撤去するとシンク回りがスッキリします。

水切りカゴ代わりに使っているスポンジワイプは吸水性、速乾性に優れたもの。100%天然素材で、処分するときは土に還る、環境にもやさしい商品です。

リビング

リビングもキッチンと同様、家族が毎日使う場所。皆がいろいろなものを持ち込むので、うっかりすると、もののふきだまりができます。まず、明らかにあるべきではないもの(ゴミや、家族が自室に置くべきものなど)を片づけることから始めてください。関係ないものを撤去してから、もう使わないものを見つけて捨てましょう。

置きっぱなしになっているゴミ

テーブルや床の上に放置してあるゴミを捨てます。たとえば、デリバリーのピザの箱や、買い物して持ち帰ったままの紙袋や外箱、不要なＤＭやチラシ、カタログ、業者からもらった粗品のボールペンなど。

数カ月に一度、一人暮らしをしている娘の家に遊びに行ったついでに、掃除をしています。娘は仕事が忙しいので、料理のデリバリーサービスをよく利用しますが、デリバリーが入っていた紙袋や食品を食べたあとの容器が、リビングのコーヒーテーブルの上に置きっぱなしになっています。50代以降の人はこんなことはしないと思いますが、ゴミ同然のものはきれいさっぱり捨ててください。

自室や別の場所に置くべきもの

家族それぞれのものや自室・所定の場所に収納すべきものを撤去します。自分の部屋が狭くなるのが嫌で、仕事の資料をリビングの本棚にずっと入れていませんか。使ったまま置きっぱなしの化粧品は洗面所の収納など、所定の場所に戻しましょう。

もう家には住んでいない子どもが昔集めていたおもちゃが、リビングに置かれたままになっていることも。私の実家のリビングにも、私や弟が子どもの頃に遊んでいたボードゲームが、本棚の上でほこりをかぶったまま何十年も眠っていました。思い切って処分・寄付するなど、リビングではない場所に移動させましょう。

なんとなく置いている飾り物

不用な飾り物を捨てます。50代以降の人は、思い出のあるものをたくさん持っています。自分で買ったインテリア小物、友人からもらったお土産、結婚式の引き出物、記念品など。私の母のように、箸置きや洋酒の小瓶、招き猫の置物などをなんとなく飾っている人もいるかもしれません。

飾りすぎると、焦点がぼけて見た目にノイズになる、掃除も面倒と、いいことはひとつもありません。お気に入りのものだけを残してください。数が多いときは、季節ごとにローテーションして飾るといいでしょう。私はリビングの本箱の上をディスプレイコーナーにしていますが、飾る場所を決めてしまうのも飾りすぎないコツです。

多すぎる写真とアルバム

写真やアルバムも見直してください。思い出は心の中にちゃんと残っているので、写真は大事なものが少しだけあれば十分です。似たような写真、写りの悪い写真、誰が写っているのか思い出せない写真は、全部処分してはどうでしょう？　本当に大事な写真だけなら、本棚が分厚いアルバムで埋まることもありません。枚数が少なければ、見たい写真をすぐに取り出して見ることができます。

あまり視聴しないメディア

CDやDVDは、今後も頻繁に聞いたり、見たりするものだけを残してください。ビデオテープやMDディスク、フロッピーディスクといった、古いメディアはもう使わないので捨てましょう。今はほとんどの家庭で、ストリーミングサービスを利用して音楽を聞き、映画を見ているでしょう。私は音楽好きでSpotifyの有料サービスを利用していますが、「便利な時代になったなあ」と喜んでいます。

ついでに、CDプレーヤーなどの不用なオーディオ機器も手放しましょう。マニュアルやコードなどの付属品の処分も忘れないでください。

デジタル機器やガジェット

メディアを見直すついでにデジものものもチェックしてください。使っていないテレビ、ノートパソコン、スマホ、タブレット、その他のガジェットや付属品、何に使うのかわからないコードやチャージャー、古い携帯電話やそのケース、多すぎるリモコン、もう使わないゲーム機とソフト。捨てられるものはたくさんあります。

中途半端に持っている収納グッズ

こまごましたものを整理するために買ったケースやカゴがリビングに転がっていませんか？　半分しかものが入っていない、すぐに中身を思い出せないなどの収納グッズは見直して、本当に使うものだけ手元に残してください。収納グッズがあると、「まだ入れる場所がある」と思い、中身が増えますから。

読んでいない新聞・雑誌・本

マガジンラックや本棚からあふれている雑誌、部屋の片隅で山になっている新聞を捨てましょう。紙媒体の新聞や雑誌の利用率は年々減っていますが、50代以降の人は、まだまだ読んでいるかもしれません。「まだ全部読んでないから」という理由で、新聞や雑誌をいつまでも捨てずにため込んでいると、だんだん気持ちが重くなってくるもの。今日読めないものは、明日も読めません。

クローゼット

収納場所に服が入りきらない問題をクリアする究極の解決法は、服を減らすことです。こんな服は処分しましょう。

2〜3年着ていなかった服

ここ数年、袖を通していない服は思い切って捨てましょう。着ないですんでいるということは、着るものはほかにも十分あるのです。「これから着るかもしれないし」と思うときは、一度着て鏡の前に立ってください。本当に、また着ると思いますか？

サイズが合わない服

昔とはサイズが変わってしまって、今の自分にフィットしない服を捨てます。サイズが合わない服は、着心地が悪いはず。無理して着なくても、ほかに服はいくらでもありますよ。女性はサイズが小さめの服を買うことが好きです。「私はやせている」と思えるからです。しかし、小さいのを無理して着ていると苦しいし、服の傷みも早いもの。体に合った服が一番美しく見えます。

傷んでいる服

破れている、ファスナーが引っかかる、カビくさい、色あせてしまった、目立つところにシミをつけてしまった。こんな服も手放しましょう。「部屋着用にとっておこう」と思うかもしれません。でも、部屋着も、もう十分すぎるほどあるのでは？

時代遅れの服

若い頃に買って、今着るにはどうにも古くさい。だけど高かったし、質もいいし、ブランドものだし、捨てるなんてもったいなさすぎる。こう感じる服も捨てましょう。もう着ませんから。

大昔に買った高級なコートやワンピースを何十年もクローゼットにぶら下げているとしたら、それはもはや服ではなく、思い出の品です。現役の服と同じ場所に置かないほうがいいでしょう。取り出してどこかに飾ってみては？　あるいは、写真に撮るか、小物にリメイクするかして、現物は処分するとスッキリします。

義理でずっと持っている服

実母、義母、夫、友人、知人からもらって着ていない服を捨てます。もらった段階で、それはもう自分の服であり、管理も自分しかできません。「もらったのに悪い」などと思わず、着ていないなら処分を決行しましょう。

先日、ある編集者から、複数の先輩から服を押しつけられて困っている同僚がいると聞きました。親切なふりをして、人にいらない服を押しつける人は少なくありません。自分で捨てるのは心が痛むからです。

なりたい自分になるために買った服

「こんな人になれたらいいな」という気持ちから買って、タンスの肥やしにしている服を捨てます。50代になると、若い頃好きだったスタイルが似合わなくなり、何を着たらいいのか迷うことがあります。そんなとき、「50代のカジュアルだけど品がいいおしゃれ」なんて謳い文句にのって、つい自分らしくない服を買ってしまうもの。そういう服は今の自分とかけ離れすぎているので、結局着ることはないのです。

使っていない小物類

ろくに使わないバッグ、数が多すぎるエコバッグ、若い頃手に入れた指輪やネックレスなどのアクセサリー、帽子、スカーフ、ベルト。クローゼットにはこまごまとしたものがいっぱい入っています。アクセサリーは場所を取りませんが、小さくても使っていなかったらガラクタです。スカーフやベルトは、多すぎると収納に苦労します。マフラーやストールは、虫よけのケアに手間がかかります。今使うものだけを残しましょう。

着ていないパジャマ

余分なパジャマは処分します。洗い替えをすることを考えて春夏用が2着、秋冬用が2着あれば、十分だと思います。私は通年で1着のパジャマを使っていましたが、1着だけだと傷みが激しいので、最近、2着体制に変えました。

パジャマ代わりに使っている部屋着や古着もそんなにたくさんはいりません。着るのは自分一人だけです。使いきれる範囲にとどめましょう。

余分な寝具

押し入れやクローゼットに入っている余分な寝具も捨てます。毛布やタオルケットは、お歳暮でもらうことも多いから、知らないうちに増えているかもしれません。来客用の布団が入っていたら、こちらも見直しましょう。泊まり客が1年に一度ぐらいなら、私なら来客のための布団は持ちません。布団はスペースを取るし、管理に手間がかかりますから。

いざとなったら、自分の布団をお客さんに使ってもらい、自分はソファで寝るか、寝袋を使って床に寝ればいいのです。ホテルを利用してもらう手もあります。

古い枕とカバー

枕の持ちすぎも要注意。しっくりくる枕を追い求めて、まめに買い替える人も多いと思いますが、新しいものを買ったら古いほうは処分しましょう。私の夫は未練がましく古い枕をクッション代わりに使っていますが、見た目が非常に悪いです。古い枕はカビやダニの温床になります。私は2014年の初めに木枕を買って、もう9年以上使っています。枕はこれひとつだけですし、枕カバーも不用なので、ものが増えません。

本当に着る服しかない、自室のクローゼット。下にあるカゴには、下着やソックスを入れています。

夫婦のアウターは、廊下のクローゼットに1年中下げっぱなしに。衣替えはしません。

着ない服を増やさないコツ

せっかく服を減らしたのだから、もう増やしたくありませんよね。着ない服を増やさないための、ふたつのコツを紹介します。

ワードローブを把握する　手持ちの服の内容と数をまとめます。たとえば、こんな方法があります。１スマホで写真に撮り、専用のアルバムを作る２ノート（アナログ・デジタル）にリストアップする３スケッチブックやカードにイラストを描く４インスタグラムなどのＳＮＳに投稿する。私は、洋服はすべてブログに写真つきで公開しているので、その記事が私のワードローブのノート代わりです。

計画的に買う　その場の気分で買うのではなく、購入計画を立てましょう。たとえば、１買う時期とアイテムを決める（例：コートがぼろぼろなので、秋口に新しいダウンジャケットを買う）２金額を決める（例：給料の４％を服に使う）３買う頻度を決める（例：ワンシーズンに１回買う）など。計画を立てたら、忘れないように手帳やノート、家計簿、デジタルなメモ帳に書いておきましょう。

二 玄関

玄関は家の顔。家族が毎日出入りする、大事な場所です。スッキリした空間を保ちましょう。

玄関になくてもいいもの

玄関がごちゃごちゃするのは、ものが多すぎるからです。以下のものは玄関になくても大丈夫です。めったに履かない靴、使わない傘や靴磨きグッズ、なんとなく置いてあるスポーツ用品、置き場所に困ってゲタ箱に入れてあるガーデニンググッズなど。靴や傘はよく使うものだけを玄関に置き、ほかは処分してください。予備に持っておきたいなら、クローゼットや納戸などにしまっておけばいいでしょう。

多すぎる飾り物

玄関をディスプレイコーナーにして、あれこれ飾りすぎるのはやめましょう。玄関が果たすべきもっとも重要な役割は、人や動物、荷物が円滑に出入りできることです。風水の影響か、玄関に飾り物やインテリア小物を複数置く人がいます。鏡、観葉植物、招き猫、カエルの置物などのほか、生花も玄関の飾り物の定番ですね。私の実家の玄関にも、花鉢、置物、箱庭とにぎやかに置いてあります。

ものを飾りすぎると視覚的ノイズになるだけでなく、掃除の手間も増えます。飾るなら、ポイントを絞って少数を飾りましょう。

ちょい置きしてしまうもの

ゲタ箱の周りにものをちょい置きするのはやめます。ちょい置きしやすいものは、郵便物、新聞、雑誌、手袋やマフラー、バッグ、サングラス、日焼け止めなどの化粧品、キーホルダー、ペットのもの、小物入れ（印鑑が入っていたりする）、携帯電話のチャージャー、虫よけ、虫さされの薬、財布、鍵と、いろいろあります。着ていたジャケット、帽子、外出先からそのまま持ち込んだバッグなども、玄関先に放置しないようにしましょう。

しまう場所がはっきりしていると、ちょい置きしなくなります。玄関先にたまりがちなものの定位置を決めて、すべてそこに戻すようにしましょう。一時的に置いてしまったものを、その日のうちに片づけるのもおすすめです。

床やたたきに置いているもの

玄関の床が見えているとスッキリするので、たたきや床を極力見せるようにしてください。そのためにこんなことをしましょう。

「たたきにずらずらと靴を並べない」「玄関をあがったところにスリッパを並べない」「不用な玄関マットは撤去する」「荷物が届いたら置きっぱなしにせず、すぐに開封し、中身を所定の場所に置く。段ボール箱はすぐにつぶして、廃品回収に出せるようにする（これをその日のうちにやる）」「食料品を買ってきたら、玄関先に置かず、すぐにキッチンに持っていく」「玄関先で靴下やストッキングを脱いでそのままにしない。ランドリーバスケットに入れる」など。床やたたきには、ものを置かないようにしましょう。

洗面所・浴室・トイレ

洗面所や浴室は狭いのに、こまごまとしたものがたくさんあり、ごちゃつきがちな場所。以下のものは見直して、不用ならどんどん処分してください。

使っていない化粧品

サンプル、使いかけのまま放置しているもの、使用期限を過ぎているもの、多すぎて使いきれないものを捨てます。小さなパウチやボトルに入っているサンプルは、本製品に比べると長持ちしません。そもそも、それ、本当に使うのでしょうか？　もらってすぐ使わなかったら、使うタイミングはとっくに過ぎています。

使いかけてそのままのヘアケア製品

シャンプー、コンディショナー、トリートメント、ヘアクリーム、ヘアオイル、毛染め、白髪染め。昨今、ヘアケア製品にもいろいろな種類がありますね。サンプル、もう使わないもの、使用期限を過ぎているもの、最初からいらなかったものを捨てましょう。使用期限がわからなくてもにおいやテクスチャーが変だったら、捨てたほうがいいですよ。くし、ヘアブラシ、ヘアネット、ヘアゴムなども見直してください。

多すぎるタオル

タオルは本当に使う分だけ取り置いて、残りを手放してください。「ええ〜、そんな！　筆子、乱暴すぎる」と思う方に向け、すり切れたもの、シミがついてしまったもの、変なにおいがついて取れないもの、端がほつれているもの、ゴワゴワしていて使う気になれないものを捨てましょう、と提案することもできます。

しかし、大半の人がタオルを持ちすぎなので、難のあるものだけを捨てても、使わないタオルがたっぷり残ります。

長く使っているデンタルグッズ

歯ブラシ、歯磨き粉、歯磨き用のコップも、化粧品やヘアケア製品と同じ要領で捨てます。歯ブラシは使っているうちに、毛先が広がって効果的に磨けなくなります。毛の間に食べ物がたまり、バクテリアがすみつくことも。まめな交換がおすすめです。新しいものを購入したのに、古いものを残していることもあるので処分を。

壊れかけた電化製品

シェーバー、ドライヤー、ヘアアイロン、ハンディタイプの美顔器と、洗面所や浴室には意外に電化製品があります。長年使っているうちにコードが破れ、銅線がむき出しになっている部分があるなら、すぐに捨てましょう。水回りで難のある電化製品を使うのは、事故につながります。

古いお風呂グッズ・入浴剤

入浴剤はサンプルや、もう使わないものを捨てます。手桶や洗面器も使うものだけを残します。バスピローやお風呂用のブックスタンドなどの雑貨も、本当に必要なのか考えて不要なら捨てましょう。「孫が来たときのために」と古いお風呂のおもちゃをとっておくのは、やめたほうがいいです。掃除の邪魔です。

体を洗うボディ用のスポンジやブラシも歯ブラシと同じで、バクテリアの温床になります。使うなら清潔なものを使い、ほかは処分します。

使っていない洗剤・掃除グッズ

バスルームの掃除に使う洗剤や掃除グッズを見直して、もう使わないものは捨てます。トイレを洗うブラシも不潔になりやすいので、使うならまめに交換してください。私は浴室専用の洗剤は使わないし、トイレは素手で洗っています。

このほか、バスマットや脱衣所にあるマット、トイレ用のカバーの見直しもおすすめします。ものが少ないほうが掃除しやすく清潔に保てます。

実践編2

不用品の行き先を考えておくと捨てやすい

捨てる作業をスムーズに進めるために、不用品の行き先を先に考えておくことが大切です。無料で譲る、売る、捨てるの3つの処分方法を紹介します。

無料で譲る

家族や知り合いに声をかけたり、掲示板などで欲しい人を探して譲ったり、チャリティ団体などに寄付する方法があります。

欲しい人に譲る

まずは、家族、親戚、友人、知人に欲しい人がいたら不用品を譲ります。ただし、**本**

当に欲しいと思っている人にあげてください。断るのが苦手な人に、意図せず、押しつけてしまうことがよくありますから。必要な人の手に渡ると、自分も相手も満足できますよ。

身近にもらってくれる人がいないときは、地元の掲示板でもらい手を探すのもいいでしょう。インターネットを利用すれば簡単です。また、いらないものを箱に入れて、「ご自由にお持ちください」と書いた紙を貼り、家の外に出すのもおすすめです。日本ではなじみのない方法かもしれませんが、「やってみたら、あっという間に処分できた」という声をブログの読者の方からいただきました。

寄付する

チャリティ団体に寄付すると、有効活用してもらえるので、捨てるのが苦手な人でも手放しやすいでしょう。宅配便で回収してくれるサービスもあります。本は図書館や、街のクリニックの待合室に寄付できます。カナダでは、タオルはアニマルシェルター（動物を保護する場所）に寄付することが多いです。日本でも犬猫の愛護協会など、探してみると、タオルの寄付を受け付けている団体はたくさんあります。

私は、市場価値のありそうなものはすべて近所の寄付センターに持ち込んでいます。カナダにはスリフトショップと呼ばれる、皆が寄付した不用品を販売し、売り上げを慈善事業に使う店がありますが、この店の裏がたいてい寄付センターです。

街中に古着を放り込める大きな入れ物（ドネーションビン）も設置されています。集中的に洋服を処分していたときは、少し離れたスーパーの横にあるドネーションビンまで、毎日服を持っていくチャレンジをしていました。「運動をしながら、不用品も処分できる素晴らしいアイデアだ」と自分では思っていました。

売る

私はどんなに高いものでも寄付しますが、不用品を売ってお金にすると、捨てやすくなる人もいるかもしれません。その場合は、個人的に売る方法と業者に売る方法のふたつあります。私の娘は、Ｐｏｓｈｍａｒｋ（ポッシュマーク）という主にファッションを扱うフリマアプリで不用な服を売っています。日本でもメルカリやヤフオク！などを利用して個人的に売る人もいるでしょう。また、高価なもの、希少価値のあるもの、数が多いものは、店や業者に売る方法もあります。どちらも、**お金になるのは魅力ですが、手間に見合うかどうかは見極めが必要です。**

捨てる

処分にかかる手間は、通常、捨てる→あげる→売る、の順番で増えていきます。捨てるのは一人で完結できるから一番簡単です。**「捨てるのはお金をどぶに捨てるようでもったいないし、罪悪感がある」という声を聞きますが、これは単に捨てない言い訳だと思います。罪悪感にさいなまれている間は次の行動をしなくてすむので、都合のいい時間稼ぎをしているとも言えます。**

不用品をずっと家に置いていても、支払ったお金は二度と返ってきません。「悪いことをしてしまった」と言いながら、その状態にとどまっていても誰のためにもなりませんよね。本当に「よくないことをしちゃった」と思うなら、その商品を使い始めるか、使ってくれる人の手に渡すか、すぐに売ってお金に換えるべきでしょう。

第3章

ミニマルな暮らしでお金の不安から解放される

1
自分にとって本当に必要なものを買うと節約になる

私がミニマリストになった理由は、「50歳のときにお金がなかったから」だとお話ししました。私と同じように老後資金が気になってはいても、生活するのに精いっぱいであまり貯められなかった方も多いでしょう。でも、安心してください。ミニマルな暮らしは、懐の寂しいシニア予備軍の強い味方です。

ミニマルな暮らしはお金が残る

ミニマルな暮らしをすれば、大きく節約できます。「私は、コスメは100均で、服もしまむらで安く買っているから大丈夫」と、あなたは言うかもしれませんね。

しかし、買い物に使うお金は商品の代金だけではありません。購入後、維持費がかかります。たとえば、衣類をたくさん持っていたら、収納ケースやタンスを買うでしょう。ケースにしまいきれないと、収納の仕方が書いてある雑誌に手が伸びます。時にはクリーニングにも出すでしょう。クリーニング代を節約しようと、デリケートな衣類専用の洗剤を買うかもしれません。

ものは友達を連れてきます。ファストファッションのおかげで衣料品はとても安く手に入るので、「このセーターに合うパンツが欲しいわ」「このワンピースに合うベルトが欲しいわ」と新しいものを買ってしまうのではないですか？

ものを所有すると管理の手間が生じますが、その管理にお金や時間がかかります。ストレスも増えるのは、第1章に書いたとおりです。このストレスを解消するために、ちょっとした雑貨や安売りの食品を買うことはありませんか？　余計なものを家に入れなければ、維持費もその後の無駄な買い物も発生しません。

欲しいものは我慢しなくていい

持たない暮らしは、欲しいものを我慢する修行ではありません。自分にとって重要なことにはお金を使うので、**出費は減っても、買い物や生活に対する満足度は上がります。**私がお金を使うもの、逆に使わないものを紹介します。こんなふうに自分にとって重要なもの、重要ではないものを書き出してみるのもおすすめです。

私がよくお金を使うものベスト7

1　貯金：老後に向けて、木の実をため込むリスのごとくちまちまと貯めています。

2　歯のメンテナンス代：歯がとても悪いので、歯医者に多大なお金がかかります。電動歯ブラシやデンタルフロスなど、お手入れグッズも購入します。

3　娘費：家賃補助として月500カナダドル（約5万円）。娘がピンチのとき、食事をおごったり、小遣いをあげたりもしています。

4　食料品：オーガニックフードを食べているので、食費は高めです。

5　健康保険料：高額の歯医者の請求に備えて、自分でひとつ加入しています。

6　通信費：iPhoneやパソコンを使うのに必要。

7　仕事上の費用：ブログのサーバー代やドメイン代など仕事に関係があるもの。

ほかに、書籍、音楽、YouTubeやNetflixなどのサブスクリプション代、パソコンやタブレット、キンドルなどの買い替え代、毎日利用しているみつろうキャンドルやエッセンシャルオイルも定期的に購入しています。

お金を使わないものベスト3

1 美容：化粧をせず、髪はセルフカットで湯シャン、白髪も染めないので、美容代はほぼゼロ。まれに日焼け止めや、石けんは購入します。

2 衣料品：私服はユニフォーム化して、いつも同じような服を着用。最近は娘のお古を着ているので、下着とソックス以外は買いません。

3 おやつ・嗜好品：甘いものやカフェインもやめたので、コーヒー、紅茶、お菓子のたぐいはいっさい買わない。夫（甘党でジャンクフードが好き）が買ってくるので、一応家にストックはあります。

買いすぎないためのコツ3つ

買いすぎ防止のために私が心がけていることを、食料品を例に挙げて説明します。

買ったものは100％食べきる

買った食料品はすべて食べきることを目指しています。野菜の切れ端は、全部ミキサーにかけてグリーンスムージーにしておなかの中へ。

在庫状況を把握する

自宅に十分食べ物があるのに、店で新たに買ってしまえば、当然、無駄になります。こんなミスを防ぐために、家にある食料品の在庫状況を把握します。

頻繁に買い物に行かない

余計な食料品を買ってしまうので、買い物は必要最小限にします。

2

家計管理もミニマルに。お金の動きを把握する

私は数字が苦手で、お金のことを考えるのも不得意。ずっとどんぶり勘定で生きてきましたが、50歳の誕生日に貯金がまったくない現実に直面し、本気でお金に向き合わざるをえなくなりました。今の家計管理に至るまで紆余曲折を経て、数字が苦手な私でも続くシンプルな方法になりました。

50歳から、まず始めたこと

今まで、家計簿をつけようと思ったことはありました。母からもらった婦人雑誌の家計簿にレシートを貼ったり、おしゃれな家計簿を購入したり、エクセルやフリーソフトを使ったり。どれも続きませんでした。その理由は作業が面倒だったことと、家

計簿をつける目的があいまいだったこと。そんな私でもできた方法を紹介します。

Googleフォームで買い物の記録を習慣化

家計簿つけに挫折した私がたどり着いた方法は、Googleフォームです。日付、買ったもの、金額、店名などを入れるフォームを作成し、買い物するたびに入力しました。入力すると、自動的にスプレッドシートが生成されます。それを見れば、**買い物の状況がわかるので、日々のお金の使い方に意識が向きました。**このフォームを使い始めて、ようやく支出の記録を続けられるように。今から8年前のことです。

コクヨの家計簿を手書きでつける

1年ほど支出の記録を続けたあと、『年収200万円からの貯金生活宣言』(横山光昭著/ディスカヴァー・トゥエンティワン)という本を読み、紙で記録することに再挑戦。**「無意識に使っているお金を減らすため、家計簿をつけてお金の流れを把握すること」という著者のすすめに従いました。**使ったのは、コクヨの家計簿です。本では手書きをすすめており、私にとっても手書きが一番簡単でした。

Googleフォームでの支出の記録に慣れていたせいか、家計簿つけはずっと続きました。今はお金の流れが把握できたので、家計簿はやめ、コンポジションブックという日本の大学ノートにあたるノートに、収入と支出をメモするだけになりました。

現在の家計管理はシンプル

横山氏の本を読む前に『正しい家計管理』（林總著／WAVE出版）という本を手に取りましたが、ハードルが高すぎました。財産目録（純資産）を毎月ノートに書く、昨年の年間収支実績表を作るという指示に面食らったのです。

家計簿つけに慣れてから再読し、毎月何にどれぐらいお金を使っているのか調べるようにしました。自分なりに費目を作って、それぞれの合計を出し、簡単な表にして、月ごとに金額を見比べています。

お金の動きをノートに書く

私がやっているお金の管理はごくシンプルです。お金の動きがあったら、日付と金額と内容をノートに書きます。費目は、娘費、医療費、食費、通信費、サブスクリプション費、小遣い、雑費です。わが家では住居費は夫が払い、娘に関する費用はすべて私が払っています。**月末になったら、費目ごとの合計と全支出額を書き出し、ほかの月と見比べながら軽く振り返ります。支出が多かったら「小遣いを使いすぎたな」などと考え、来月のお金の使い方の指針や目標を軽く心積もりし、ノートに書きます。**

ほかに、月に一度、資産（すべての貯金を合わせたものから、クレジットカードで支払う分を引いたもの）と貯金できた額も記録しています。言葉で書くと複雑そうですが、お金を使う機会が少ないので何も記録しない日が多く、負担にならない作業です。

6カ月分の生活費はキープし、残りは貯金する

1カ月に必ず出ていく支出を全部書き出して合計し、生活費を割り出しています。

年払いしているものは12で割って、生活費に入れます。**現在の生活費を月2000カナダドル**（約20万円。歯医者代などは入っていないので、実際はもっとかかります）と見積もり、**その6カ月分は緊急用のお金として、すぐにおろせる銀行口座にキープしています。**生活費6カ月分と定期的にある大きな出費（税金や歯医者の支払いなど）を別にしたお金は、すべてすぐにおろせない貯金にします。

生活費の割り出しは、年に一度、または家計状況が大きく変わったときにします。

1年の初めには目標貯金額も決めます。

Googleフォームで買い物の記録は続けている

お金管理初心者のときに始めた、「買い物したらGoogleフォームに入力する」ことは今もやっています。でも、**家計管理のためにやっているのではなく、「必要以上にものを家に入れないための買い物管理です。**

スプレッドシートで合計金額を出したりすることはありません。時々眺めて、自分の買い物を振り返るのに使っています。

支出が多すぎるときの見直し法

支出が多すぎるなと思ったときは、**支出が減らせそうなものを見つけ、期間を決めて少し丁寧に追跡します。**私がよくターゲットにするのは、ナッツ代です。私はナッツが大好物で食べ始めると止まらず、つい買いすぎます。

1カ月だけナッツを買うたびに、いつ、どこで、どんなナッツを、どれだけ（グラム数）買ったか、リストアップして現状を調べます。「こんなにナッツにお金を使う必要がある？」「食べすぎじゃない？」「安いピーナッツを買ったほうがよくない？」などとあれこれ考え、その後、予算を決めて守る努力をします。

個別のトラッキング（追跡・分析）は日々のランチやコーヒー、趣味グッズ、好きでよく買ってしまう日用品の支出カットに向いているでしょう。

さらに削れそうな支出は、すべてカットします。私はサブスクリプション代の見直しをよくします。定額サービスの多くは無料お試し期間があり、料金は５００～

1000円と少額なので、気軽に始めてしまいます。しかし解約を忘れることや、使っていないのに契約し続けることも多いものです。書籍、映画など、同じ種類のサブスクリプションに複数入っていることもあります。**私は月々の支払いを表にして、だいたいの金額は把握しています。また、月単位で見比べて、不要なものは即解約します。**似たようなサービスはローテーションして利用します。

代用できるものを見つけ、買うのをやめることもしています。以前はティッシュを使っていましたが、ずいぶん前に利用をやめました。ウエスや古タオルで十分です。また、重曹やお酢でエコクリーニングをしているので、余計な洗剤は買いません。用途別に洗剤を買っている人は、ボトルを全部出してラベルを見直すと、使わなくてもいいものを発見できます。

3 家計管理が苦手な人のための行動アイデア

家計管理は大切ですが、どうしても苦手な人は、まずは普段の心がけや行動を変えてみましょう。私は、こんな工夫をしています。

意識を変えるとお金が貯まる

無駄なものを買ってしまうのは、見栄を張ろうとしたり、ストレス解消のためだったりと、心の中の問題が大きいもの。気持ちを少し変えるだけで、節約できます。

自分軸を打ち立てる

人のことは気にせず、**自分にとって必要なもの、欲しいものにお金を使います。**あの人が持っているから自分も持とう、ほかの人がやってるから自分もやっておこう、こんな考え方で日々の意思決定をしていると、無駄な出費が増えます。そんな買い物の仕方は、50代以降は卒業しましょう。

私は湯シャンで化粧もしませんが、「ご主人は、筆子さんにきれいにしてもらいたいんじゃないですか？」というメールをいただいたことがあります。実際は、夫は私が化粧をしようがしまいがどうでもいいと思っています（本人に確認済み）。仮に夫が「化粧をしてほしい」と思ったとしても、私は自分の気持ちを優先するでしょう。

消費と感情を切り離す

感情の問題の処理と、消費を分けて考えます。人はストレス解消のためによく買い物をします。上司に叱られたから帰りにブティックでトップスを買う、姑とけんかしたからメルカリで新古品の調理ツールを買う、ということはよくあることです。私が若い頃、服ばかり買っていたのも仕事のストレスがあったからです。

ストレスマネジメントに買い物を利用すると、かえってストレスが増えます。ものが増えて部屋が雑然とするし、クレジットカードの請求額を見て罪悪感に駆られるからです。

ものて愛情表現をしない

好意や愛情を示すのに、ものを使いすぎないようにしています。孫の喜ぶ顔を見たくて必要以上に贈り物をする人がいますが、やりすぎると幼い孫は、「ものが一番大事。ものがあれば幸せなんだ」という価値観に染まってしまうものです。孫が祖父母に求めているのは、ものではなく愛情です。

プレゼント攻めにするより、ともに時間を過ごすほうが、お互いのためです。おしゃべり、散歩、トランプ、食事など、お金をかけない充実した時間の過ごし方はたくさんあります。

無駄なものは買わない

買っても使わない、すぐに飽きてガラクタになる、そんな無駄なものを買うと節約になりません。買い物の仕方も見直してみましょう。

セールで買いすぎない

最大の敵はセールです。「安いから」という理由ではなく、「必要だから」という理由で買い物します。50％オフの商品でも、買わなければ100％オフです。「期間限定」や「新発売」という言葉にも注意します。

量より質を心がける

安物をたくさん買うより、質のいいものをひとつだけ買って長く使います。本当に欲しいものや必要なものにしっかりお金を使えば、数多く買わなくても満足できます。

ついで買い、複数買いをしない

今必要なものを、必要な数だけ買います。昔の私は、必要ではないものをよく買っていました。友人へのバースデーカードを探しに行ったのに、新発売のボールペンやレターセットまで買いました。家には、使いきれないほど文具があったのですが。

ストックを持ちすぎない

日用品のストックは持ちません。まとめ買いは必ずしも節約にならないからです。買った瞬間に出ていくお金は単品買いより多いし、在庫がたくさんあると食べすぎ・使いすぎに。未使用のまま好みやライフスタイルが変わり、結局使わないリスクも。

ラテマネーをコントロール

ラテマネーとは、1杯のラテ（コーヒー）ほどの日々の少額出費のこと。少額でも頻度の高い消費を抑えると、節約できます。コンビニで買う飲料やスマホゲームの課金など、「たいしたお金でないから」と無意識によく支払っているものはありませんか？

お金以外のリソースを使う

リソースとは、自分がしたいことを実現させるために使えるすべてのものです。たとえば時間、体力、精神的エネルギー、知識、すでに手にしているものなど。お金もリソースのひとつですが、**何かをしたいとき、お金以外のリソースを使えば、当然お金が残ります。**人はいつも、もっと便利なものはないかなあ、新しいものが欲しいなあ、と持っていないものに意識を向けています。しかし、手元には活用できるものもたくさんあります。新しいものを手に入れることにお金を使わなくてすむのです。

すでに家にあるものを最大限に使う

今持っているものを活用すれば、新しいものを買う必要はありません。所持品を把握すると、手持ちのものをうまく活用できます。洋服や食器など、持ちすぎているものがあったら、一度目録を作ってみてください。

自分自身の知力・体力を使う

手持ちの能力、体力、時間を使って自作します。最近はYouTubeでたいていのことは学べます。裁縫が嫌いな私ですが、ソックスや服の修繕はよくしています。

4 暮らしをダウンサイジングすれば住居費を減らせる

人生で一番大きな出費のひとつは、住宅に関わるものです。第1章でもお話ししたように、ミニマルライフのおかげで、私自身も住居費を減らすことができました。さらに、暮らしをダウンサイジングすることのよさを詳しくお話しします。

50代はダウンサイジングの準備を始める時期

不用品の少ない暮らしは、50代以降の人が近い将来にすることになるダウンサイジングの準備になります。ダウンサイジングとは、生活の規模を縮小すること。現在、マイホームを終(つい)の住みかにできる人はまれです。平均寿命が延び、最晩年は高齢者住宅、介護施設、病院で過ごす可能性が高いからです。

ずっと健康で自立した生活ができたとしても、子どもたちが巣立ったあとはもう大きな家は不要。一軒家を手放して、小さなマンションに住み替える人は多いです。配偶者を亡くして、子どもと同居するかもしれないし、一人で暮らすとしても子どもや親戚の家のそばに引っ越すかもしれません。

これまで住んでいた家から出るときは、ダウンサイジングが伴います。**年をとってから生活環境を大きく変えるのは心理的にきついもの。**気持ちがついていかないだけでなく、新しい住まいの手配や現在の家の売却など、やらねばならないことがたくさんあります。さらに、ものを捨てる作業が大変です。

マイホームには長年ため込んだ「大好きなもの」や「大事なもの」が詰まっていますが、ダウンサイジングするとき、7割から8割は手放すことになります。いきなりこれだけ捨てるのは心理的にも体力的にもしんどいですよ。今からダウンサイジングを念頭に置き、不用品を捨てておくと、のちのちラクです。それにものを減らせば、その日からとても暮らしやすくなります。

小さな家に引っ越して手に入れたもの

私は賃貸派で、カナダに来て以来、ずっと家を借りて住んでいます。娘が生まれてからはいつも一軒家に住んでいましたが、2014年、娘が高校生のとき、ベースメント（半地下）のみの住まいに引っ越しました。カナダの家は、メインフロア（地上の階）にベースメントという構成です。それまで家を丸ごと使っていたのが、半分になりました。敷地も前より狭いので、実際は半分以下です。多少便利な場所になりましたが、スペースは大幅に減少。しかし、引っ越してすぐにラクになったと感じました。

家賃と家事の負担が減った

交通の便のいいところに引っ越したにもかかわらず、家賃が安くなりました。差額は月に2万〜3万円というところです。家が狭いし、メインフロアの人と光熱費を折半するので、こちらも下がりました。スペースが限られていて大きな家具は置けないため、余計なものを買いにくくなり、この点でも出費が減りました。

出費には関係ありませんが、居住スペースが半分以下になったので、掃除がラクになりました。以前の家のリビングはフローリングだったので、毎日雑巾がけをしましたが、現在はカーペット敷きなので、たまに掃除機をかけるだけ。自分の部屋は、ペットの毛を取るためのゴムのほうきで掃いています。

庭に物干しをするスペースがないので、洗濯ものは洗濯機の奥にある小さなスペースに干しています。干すのも乾いたものを取り込むのも、とても簡単です。以前は、洗濯機は階下（ベースメント）にあったので、洗濯ものを持って階段を上り、それから外に出てロープに干すという、今思うと重労働をしていました。

器が小さいとものが増えない

収納スペースが少ないので、余分なものがたまりにくいです。**多くの人が、さして大事でないものを捨てずにいつまでも所有するのは、収納場所があるからです。**

夫は私とは違い、これまでの人生で関わりのあったものを、なんでもかんでもとっておくタイプです。しかし、持っていたものすべてを今の家に持ち込むことは物理的に不可能だったので、さすがの夫も引っ越し前はたくさんものを捨てました。引っ越し後も夫の捨てる作業は続き、夜な夜な古い書類をシュレッドしています。

家族の時間が増える

広い家だとそれぞれが自分の部屋を持ち、バラバラに暮らしがちですが、小さな家なら同じ部屋で過ごす時間が増えます。以前住んでいた家の隣に、両親と息子さんの3人家族が、大きな家で暮らしていました。当時、流行っていたテレビドラマを3人とも毎週楽しみにしていましたが、一緒に見ることはせず、各自の部屋で見ていたそうです。この話を聞いて、**「一緒に見ればもっと楽しいのに」と思いました。電気代ももったいないですよね。**

わが家では娘が家にいたとき、夫と一緒に居間で恋愛系のリアリティショーを見ながら、ああでもない、こうでもないとうるさかったものです。私は仕事をしながら、背中で二人の声を聞きつつ、時々「ふふふ」と笑っていました。

5

できるだけ長く働き、楽しみながら自分年金を増やす

老後資金が不安なら、できるだけ長く働き、稼ぎ続ければいいと考えています。私はブログを書いて収入を得ていますが、自分の頭と手が動く限り、この仕事は続けるつもりです。書くことが好きだし、情報を発信することで他の人や世の中に、ほんの少し変化をもたらすことができるのでやりがいもあります。**経済活動や社会貢献につながる仕事は、私にとっては「捨てない大事なもの」のひとつです。**

長く働き続けるために無理はしない

無理なく働いて収入を得れば経済的にラクだし、何より毎日が楽しくなります。私は働き続けるために、無理しないことと体力づくりを心がけています。以前は、１日

10時間以上パソコンに向かっていましたが、そういう働き方はやめました。ブログを育てるためには、ＳＮＳでの発信は大切ですが、苦手なのでやりません。

仕事は脳の若さを保つ

仕事を完全にやめて社会と交渉がなくなると、認知機能の衰えが早いという研究はいくつもあります。仕事では、時には会いたくない人に会い、行きたくないところに行き、やりたくないことをします。「達成すべきタスク」がついて回りますが、タスクをやり遂げようとするとき、脳に負荷がかかるので脳が衰えません。誰とも話をしない私のような仕事でも、質のいい記事を書くためには、常に勉強が必要です。

趣味と実益を結びつける

私の仕事は趣味の延長のようなものです。料理や手芸が好き、語学が得意など、今まで好きで続けてきたことを、仕事に結びつけることも可能です。少額でも自分の趣味がお金になるのは、達成感もあり、楽しいです。

第4章

体と心が健康になるためにやめたこと・始めたこと

1
健康は優先順位が高いもの。質のよい食事を心がける

ミニマルな暮らしを始めてから、健康は私の中では優先順位が高いものになりました。そのため質のよい食事を心がけていますが、大きな変化は、第1章でもお伝えした砂糖をやめ、オーガニックフードを食べ始めたこと。ほかにもやめたこと、始めたことがありますので紹介します。

食生活は変えられる

食生活は習慣のひとつなので、その気になれば変えることができます。かつての私は甘いものも白米もコーヒーも大好きでした。高校生の頃は、学校帰りに肉まんやあんまんを買っておやつに食べ、夕食はアジやサバの干物をおかずにしてご飯を3膳食

べる生活。20代の初めからはコーヒーをブラックで飲み、趣味は喫茶店巡り。お菓子作りにも興味があったので、将来は喫茶店を持ちたいと思っていました。

カナダに留学後は周りの人にならい、大きなジャグにコーヒーを入れて、一日中持ち歩いて飲みました。コーヒーを飲みすぎて胃が痛むようになってからは、紅茶に替えましたが、やはり毎日ガブガブと飲み、突然心臓がドキドキし、手が震えるような感覚がありました。出産後は夫や子どものためにお菓子をせっせと焼き、10時や3時のおやつに、自分もクッキーやマフィンをたくさん食べる生活が15年以上続きました。

現在は、こうした飲食物は口にしません。**大好物だと信じていたものを食べない生活になった今、「どんな習慣も変えられるはずだ」と確信しています。**

白米をやめて玄米に

白米は玄米に比べると栄養が少ないので、50代半ばに玄米に切り替えました。もともと米や穀物は好きだから、玄米を食べることにまったく抵抗はなく、最初からおいしいと感じました。むしろ食べすぎてしまうので、今は一度に食べる量を控えめにしています。いつも圧力鍋で3合炊いて、容量130㎖のベビーフード用のガラスのコンテナに1食分ずつ入れ、冷凍します。7年前に娘が家を出て以来、うちで日常的に玄米を食べるのは私だけです。

カフェインをやめた

砂糖をやめた頃、カフェインもやめました。きっかけは、「ナチュラルハイジーン」という健康法に関する本を読んだことです。自然に基づいた健康法で、**体のためにいいもの（睡眠、運動、日光、ストレスマネジメントなど）は取り入れて、毒になるものは排除します。**避けるもののひとつとして、カフェインが挙げられていました。

今は、ハーブティー（ここ数年はネトルティー）、水、たまにオーツミルク（無糖）を飲んでいます。カフェインは薬にも入っているので、まったく摂取しないわけではありませんが、普段は口にしません。

加工食品・ジャンクフードを避ける

栄養がないのに、添加物や塩分がたくさん入っている加工食品やジャンクフードも控えています。買わないコツは3つ。まず、「箱や袋に入っているもの」に注意します。加工食品は、たいてい袋や箱に入っていますから。「原材料と見た目が大きく違うもの」「食品表示ラベルにずらずら文字が書いてあるもの」も基本的に買いません。

とくに避けているのは、パン、パスタ、ラーメンなどの白い小麦粉からできている食品です。即席〜、ローファット〜と銘打っている製品も自分では買いません。とはいえ、**加工食品をまったく食べないことは不可能です。あまり神経質にならず、時間がないときは、冷凍食品や夫が作ったパスタなどを食べるし、母が送ってくれた加工度の低い加工食品を食べることもあります。**

50代から始めて、健康によかったこと

一方で、積極的に食べ始めたものもあります。どれも出発点は、「体の中にジャンク

なものを入れたくない」という思いです。無理なく続けているので、健康維持に役立っています。

プラントベースの食事を意識する

動物性食品を控えて、穀物（玄米、オートミール、キヌア）、豆、野菜、海藻、果物、ナッツなどプラントベースのものをよく食べています。今でも食べる動物性食品は、味噌汁のだしをとるのに使う鰹節、バター、チーズ、卵、魚、鶏肉ぐらいです。牛乳も飲まなくなり、ミルクっぽいものが欲しいときはオーツミルクを使っています。

もともと肉はそこまで好きではなかったのですが、日本ではとんかつやハンバーグを、カナダに来た28年前はファストフードのハンバーガーも食べていました。

肉を食べなくなったきっかけは、カナダに来て半年ぐらい住んでいた賄いつきの下宿で、週に6日間（金曜日だけ魚）、ステーキが出たことです。すっかり飽きて、一生分の肉を食べた気がしました。その後、健康に気を使うようになり、本やネットの情報を読んでプラントベースに切り替えました。夫は肉を食べたいときは、自分で買ってきて調理し、副菜（穀物やサラダ）は私が用意したものを食べています。

オーガニックフードをシンプルに調理する

料理は好きではありませんが、オーガニックフードのスーパーでホールフード（丸ごと食べられる食材）を買って、自分で調理します。調味料は、添加物が多い市販のマヨネーズ、ケチャップ、ドレッシングは使わず、質のよい塩、胡椒、オリーブ油やごま油、醤油、お酢を、同じスーパーで買います。

生野菜や蒸し野菜をよく食べますが、食べる直前に塩や胡椒をふるか、お酢や自分で作ったドレッシングをかけます。生姜をみじん切りにして、醤油やオリーブ油に漬けたものをかけることも多いです。

甘いものをやめたら味覚が敏感になり、野菜の甘さや微妙な味の違いがよくわかるようになりました。塩味だけだと飽きますが、醤油や生姜をプラスすると、ぐんとおいしくなります。

食費はけちらない

節約を心がけている私ですが、食費はけちりません。**日々食べるものは、健康やメンタルに大きな影響を与えるからです。**

私は歯が悪いので、毎年、歯の治療に多大なお金と時間、心のエネルギーを取られています。この状態は、今後一生続くでしょう。健康を損なうと、経済面も、その他の生活面も大きなダメージを被ります。

自分で調理して食べきれば、たとえ食材の値段が高くても最終的には安くあがると思います。私は他の人が捨てているような野菜の芯や葉も、圧力鍋で煮るかグリーンスムージーにして、極力食べます。材料を把握したいので、外食はめったにしませんが、これも節約になっています。

2

運動を始めるきっかけ・継続するコツ

健康のために食事に気をつけるのと同時に、運動も始めました。私は車を運転しないので、昔からよく歩いていましたが、食料品の買い出しや気まぐれに散歩するぐらい。年齢を重ね、パソコンに向かっている時間が長いせいか、肩こりや背中の痛みがあり、運動不足が気になっていました。でも、40代のときはなかなか運動をする気になれなかったのです。

健康はすべての活動の土台

第1章でスロージョギングのお話をしましたが、最初に始めた運動はウォーキングです。2009年の5月、50歳になったばかりの頃で、きっかけはふたつあります。

ひとつ目は、『すてきなあなたに』（大橋鎭子編著／暮しの手帖社）という本で運動の大切さを知ったことです。著者が右足から腰にかけてひどい痛みを感じ、なかなか治らないので医者に診てもらったら、運動不足だと言われ、その後毎日歩き始めたら痛みが取れた話を読みました。他人事とは思えませんでした。背骨は全身を支えており、体はすべてのパーツが密接に関係しています。背中の痛みを取るために私も歩くことにしました。

ふたつ目のきっかけは、当時片づけの参考にしていた、アメリカの無料のお片づけ支援サイト「ＦｌｙＬａｄｙ」の5月の月間目標が、「毎日15分間体を動かす」だったことです。

初めは時間を決めずに暇を見て、その辺を歩きました。歩くのは好きだから、散歩は苦になりません。ただ、「歩いている時間がもったいない」とよく思いました。「ああ、この時間、ほかのことができるのに」と邪念を抱きながら歩いていたので、のんびり散歩を楽しめない日も多かったのです。しかし、あるとき考えを改めました。

健康は何よりも大切なもののひとつで、すべての活動の土台となるもの。お金では買えません。健康を維持するために毎日歩くことは、大切なものに時間やエネルギーを使うミニマリストとして当然だと気づきました。

「忙しい」を言い訳にしない

運動を始める一番のコツは、時間を作ることです。「忙しいから」は禁句にしましょう。知人に毎日運動している話をすると、「そうなのね。私もやってみるわ」という前向きな言葉はあまり返ってきません。「へ〜、筆子さん、えらいわね(私には関係ない)」「よくそんな時間あるわね(私は忙しいからそんなことやってられない)」「ただ歩くのって退屈じゃない?(ほかに楽しいことあるし)」。こんな言葉が返ってきます。

しかし、運動して健康をキープすることは、充実した人生を送るために欠かせません。1日24時間もあるのに、30分歩くことができないほど忙しいなんて、どんな人生なのでしょう? 優先順位の高いことをやって、人や機械に任せられることは任せれば、時間はできます。そして、運動は優先順位がとても高いことです。ほかにも、つい言い訳をしがちなことを挙げてみます。

道具にこだわらず、とにかく始める

運動には道具が必要だと考え、「道具がない」と言いがちです。でも、細かいことに神経質にならず、とにかく運動を始めます。ウォーキングなら、必要なのは靴だけです。私は歩くのも走るのも、いつも履いているトレッキングシューズです。道具は、やりながら必要かどうかを判断し、そろえていってもいいのです。

たくさん運動しようとしない

「たくさん運動できない」からと諦めずに、まずは10分間歩くことから始めましょう。毎朝走っていることを人に話すと、「何キロ走ってるの？　大会に出るの？」なんて言われます。私は健康でいたいから走っているだけで、競技に出ることはいっさい考えていません。そんな人でも運動してＯＫなんです。

休んでも大丈夫！運動を続けるコツ5つ

体調をくずしたり忙しかったりして、そのまま運動しなくなることはよくありますが、ちょっとした心がけで継続できます。私が実践している続けるコツを紹介します。

習慣にする

時間を決めて毎日運動していると、習慣になります。私は季節によって時間帯を変えていて、春から秋は、朝の7時半から8時半までがスロージョギングの時間です。

柔軟に対応する

忙しいときはハードルを下げ、「やらないよりましだ」と思うことを続けます。時間がないときは近所をひと回りする、朝忙しいなら昼やる、雨の日は室内でスクワットするなど、状況に合わせて対応しましょう。ひどく天候の悪い日や足元が悪いとき、私は無理に走りません。そんな日は、家でミニトランポリンを1時間しています。

始めた理由を思い出す

挫折しそうになったら、運動を始めた理由を考えて初心に帰りましょう。ダイエット、健康増進、睡眠の質の向上、気分転換、純粋な楽しみなど、理由を再確認するために紙やノートに書いておいてください。

記録してみる

どんな運動をしたのか、何分したのかなど、簡単に記録して、日々の運動を可視化するとやる気が続きます。私はデイリープランナー(スケジュール帳)に運動の項目を作って四角を描き、運動した日は色鉛筆で塗って自己満足にひたっています。

挫折してもまた始める

半年ぐらい間があいても、何もなかったように運動を再開しましょう。また始めれば、その中断は失敗や挫折ではなく、休憩にすぎません。

3

心の健康のために書き出してスッキリする

体だけでなく、心の健康も重要です。私は、**物理的なものを捨てることだけでなく、「心の中のガラクタ」も捨てて、穏やかに暮らすことを心がけています。**「心の中のガラクタ」とは、イライラ、不満、嫉妬、心配、不安、後悔、焦り、自己嫌悪、罪悪感などのマイナス感情やストレスです。

私のストレス解消法はとてもシンプルで、頭の中にあることを、どんどん書き出すだけ。気がかりなことは頭の中にため込まず、いったんすべて紙の上に出します。

モーニングページで心のデトックスをする

モーニングページは毎朝ノートに3ページ、なんでもいいから書くことです。アメリカの作家ジュリア・キャメロンが、創造性を開発するためのワークショップで行っているワークのひとつです。彼女の著書『The Artist's Way』（邦題：『ずっとやりたかったことを、やりなさい。』／サンマーク出版）で知って、50代の初め頃1カ月半ほど書いて、その後、中断。56歳の夏からまた書き始め、以来、毎朝書いています。

私にとって、モーニングページは頭の中の掃除です。心のデトックスとも言えるでしょう。モーニングページを書き始めてから、文章を書くスピードが速くなったと思います。紙と筆記具をどんどん消費するので、使いかけのままだった娘の子ども時代のノートやボールペンも、すべて使いきることができました。

誰でもすぐに始められるモーニングページ

モーニングページをブログで紹介したら、何人もの読者の方が試してくださり、皆、いい効果があったと教えてくれました。一方で「やってみたいけど、始められない」「朝、ノートに3ページも書く時間がない」と言う方もいます。そこで、モーニングページをうまく行う3ステップを紹介します。

〈モーニングページがうまくいく3ステップ〉

1 時間を20~30分確保する

早寝早起きをするか、いつも朝やっているタスクをひとつかふたつ、前の晩にやって時間を作ります。たとえば、お弁当は全部作っておく、着ていく洋服はコーディネートを決めてスタンバイしておく、など。

2 場所を決めておく

ジュリア・キャメロンは、朝起きたらすぐ寝床の中で書くよう指示しています。北米の人はベッドの上で勉強したり仕事したりしますが、日本人は寝床の外のほうが落ち着くでしょう。私は、自室(寝室)にある折りたたみの机の上で書きます。道具は紙と筆記用具だけなので、書く場所に置いておくといいでしょう。

3 頭の中にあることを書き出す

頭に思い浮かんだことを、なんでもいいのでダァ~と3ページ分書きます。無理にポジティブなことを書く必要はありません。何も書くことがないときは、「何も思いつかない」という言葉で3ページ埋めてもいいのです。

モーニングページは読み返しません。３ページ書いたら、ぱたっとノートを閉じて、しまいます。「家族に読まれたら恥ずかしい」と始められない人がいますが、心配なときは、書き終わった紙をその場でビリビリと破りましょう。

片づけや運動も同じですが、「正しいやり方」や「１００％効果が出る方法」にこだわるあまり、動きだせないことがあります。**道具や方法にこだわらず、気軽に始めて、やりながら自分に合う方法に変更すればいいのです。**

テーマを決めて出しきるブレインダンプ

モーニングページを書けない人によくおすすめするのがブレインダンプです。これは、名前が示すように脳内（ブレイン）にあるものを全部捨てる（ダンプする）メソッドです。テーマを決めて、紙の上にできるだけたくさん箇条書きします。

心配事を手放したいときは、「今私が心配していること」というテーマで、あらゆる心配事を書き出してください。時間は15分ぐらいがおすすめ。ブレインダンプは「もうこれ以上出ない」というところまで出しきるところがポイントです。書き終わったら、読んでみます。いくら心配しても結果になんの影響も及ぼせないことは、線を引っ張って消します。これは今、心配する必要のないことです。

すると、リストには自分の力でどうにかなりそうな心配事が残りますから、今もっとも心配すべきことから番号をふります。あとは番号順に、**心配するのではなく、解決に近づく行動をします。**ここまでやらなくても、心配事を書き出し、コントロールできないことを消した段階でスッキリしますよ。

ほかにもおすすめな「書き物」

モーニングページのほかに、私が書いているものは以下のとおり。毎日書いているのは10年日記（P164で説明）、食事日記（食べたもの、睡眠時間、体重、健康状態を記録）、1日のスケジュール（コピー用紙1枚）、デイリープランナー（週間スケジュール。月間、年間の予定も含む）です。

盛りだくさんに見えますが、毎日書いている時間はモーニングページに30分、そのほかのノートは合わせて10分ぐらいです。これらはすべて手書きです。

4

前向きになれる手軽な気分転換法をストックする

モーニングページを書くことで、私のストレスはほとんどなくなりましたが、手軽にできる気分転換法をいろいろ試しています。忙しいときや焦っているときは、そのまま突っ走らず、いったん立ち止まります。焦ってジタバタしても、うまくいきません。そして、「今、私はどんな気分でいたいのか?」と自問します。**自分で「こんな気持ちでいよう」と思えば、外側から押し寄せてくるものに振り回されません。**私が実際にしている「なりたい気持ちになれる」気分転換法を紹介します。

気持ちを落ち着けたい

少し冷静になりたい、落ち着きたいと思うときは、デジタル機器から離れます。モニターの電源も、スマホも切ります。**人工的な音と光の刺激から離れるだけで落ち着きます。深呼吸や瞑想もします。**いろいろな瞑想の仕方がありますが、私がよくするのはオーソドックスに目を閉じて、呼吸に意識を向けるもの、目を閉じて聞こえてくる音に意識を向けるもの、どこか一点（窓から見える木など）をじーっと見る瞑想です。静かな場所さえ確保できれば、瞑想はどこでもできます。車通勤の人は駐車場に車を止め、そのまま車の中で5分ほど瞑想するといいですね。

元気になりたい

明るい気分やエネルギッシュな気分になりたいときは、体を動かします。**運動すると気分を高揚させるエンドルフィンという神経伝達物質が出るので、知らず知らずのうちに元気になります。**外に出て、軽くその辺を散歩するか走るといいでしょう。家の中にいるときは、私は部屋の中をクマのようにぐるぐる歩き回るか、ミニトランポリンをします。その場スキップやジャンピングジャック（両手、両足を開いたり、閉じたりしながらするジャンプ）もおすすめです。

大声で歌ったり、笑ったりするのも効果があります。過去に自分がした間抜けな失敗を思い出せば笑えます。テンポの速い音楽を聞きながら、踊るのもいいですよ。

自信を持ちたい

自信喪失気味でめげているときは、姿勢を正します。**猫背にならず、背筋をピンと伸ばして前をしっかり見ます。**立ち上がって、心持ち足を開き、腰に手を当て、じっと前を見据えるスーパーマンのポーズもおすすめです。これはパワーポーズと呼ばれるポーズで、この姿勢を取るだけで、自信が生まれるという研究があります。ガッツポーズやハイファイブ（日本語ではハイタッチ）など、スポーツ選手がよくやっているポーズも自信を与えてくれるでしょう。鏡の前でポーズを作って、自分に笑いかけたり話しかけたりしましょう。

好きな色の服や、いつもより明るめの服を着るのも効果的です。私は地味で目立たない洋服が好きで、普段はモノトーンやアーストーンのものを愛用していますが、あるとき、赤い5本指ソックスをはいてみたら、いつもよりポジティブな気分になりました。以来、ソックスやヘアバンドには明るい色のものを混ぜています。

幸せを感じたい

幸せな気分になるのは簡単で、感謝するだけです。モーニングページを書き始めた頃、感謝できることを毎日3つ書いていました。今も、10年日記に感謝していることを書くことがあります。感謝することはいくらでもあります。国際ニュースを見れば、いかに自分が恵まれているか痛感できるし、60年間無事で生きられたことも、とてもラッキーだと思っています。高校の同級生のなかには、病気で亡くなった人がいますから。**感謝しやすい体質になるために、感謝日記をつけるか、家族に毎晩「今日の感謝」を報告するといいですよ。**

心の疲れを癒やしたい

嫌なことがあってずんと落ち込む、何をしてもうまくいかない。こんなふうに**心が疲れたら、無心になれることをします。**私が没頭できるのは、モーニングページやブログの執筆、塗り絵、読書です。自分だけで完結する没頭できる作業を用意しておくと、心が疲れたときにいつでも対応できます。

大がかりなことや、お金のかかることでなくても大丈夫です。野菜を刻む、プラモデルを組み立てる、折り紙をする、雑草を引き抜く、楽器を演奏するなどではどうでしょう？　編み物もいいですね。私はとくに落ち込んでいないときでも、紙によく落書きをします。スマイルフェイス（ニコちゃんマーク）や笑っている顔を落書きしていると、楽しくなってきますよ。紙とペンがあればできる手軽な気分転換法です。

―― 感情のバランスをとりたい

大きな不安や心配、怒りに心を乗っ取られたら、**立ち止まって、自分の心の様子を一段上から観察すると冷静になれます。**一番効果的なのは書くことですが、一人の時間を作って大きな世界に行くのもおすすめです。山や海、河原、野原、プラネタリウムなど、大きな空が見えて宇宙や自然の雄大さを感じられる場所、自分の存在が小さく感じられる場所に行ってみてください。遠くに出かけなくても、近所の公園や街の雑踏の真ん中などでもいいです。

私は毎朝スロージョギングするとき、広々として緑の多い場所を走っているので、日々の運動をしながら心の洗濯もしています。「この世界は気が遠くなりそうなほど広い。自分の悩みなんてささいなこと」と実感できれば、気持ちがラクになります。

マイナスの感情に陥らない予防法

最後に、ネガティブな感情の穴にはまらない方法を紹介します。そもそもマイナスの感情を引きずらなければ、気分転換法を用意する必要はありません。

最近よくあるのは、人のＳＮＳの投稿を見て落ち込むパターンです。ＳＮＳでは素晴らしい出来事がシェアされるので、自分の生活と比較しがちです。アプリをスマホから削除する、時間を決めて見すぎないようにする、フォローする相手を選ぶなどして、危険を避けましょう。さらに周囲の人の言動のせいで、暗い気分になることもあります。**50代からは、ポジティブな人やよい気分を運んでくれる人と、つき合うようにしてください。「心のガラクタ」から解放され、前向きに生きられるはずです。**

5

価値観の違う夫とストレスをためずにつき合う方法

ストレスを感じる原因はいろいろありますが、とくに人間関係によって「心の中のガラクタ」がたまります。50代以降は、友人や職場の人間関係よりも、関係が大きく変わる家族とのつき合い方に悩むことが多いでしょう。家族とは遠慮がない分、摩擦が起きやすいことも。夫、親、子どもとのつき合い方を、私の体験を踏まえてお話しします。まずは、私がストレスを一番感じる家族、同居している夫から始めます。

なかなか捨てない夫とうまくやっていくには

夫とは価値観や性格が大きく違うため、一緒に住み始めた頃はよくぶつかったし、今もツーカーの仲とは言えません。とくに問題なのは、私がものを持たない暮らしを好むのに、夫がいったん所有したものをなかなか捨てないことです。
家が狭いので、玄関、キッチン、リビングルームといった共有スペースにも、夫のものがたくさん置いてあります。また、私はしなければならないことを、なるべく早めに終わらせたいほうですが、夫はなんでもギリギリにならないと行動を起こしません。自分とずいぶん価値観が違う人間とまともに渡り合うとストレスがたまる一方なので、精神衛生を保つために、私はこんなことを心がけています。

別々のスペースをつくる

夫と妻、それぞれに専用の仕事スペースや一人になれる場所をつくると、プライバシーを保てるので、仕事に集中しやすくなるしリラックスタイムも充実します。

わが家では二人ともリビングで仕事をしますが、南の壁と北の壁に沿ってそれぞれの専用スペースがあり、しっかり分けて作業できます。寝室も夫が大きいほうを、私が小さいほうを使っています。夫は自分の部屋にパソコンを置いているのに、テレビのあるリビングでノートパソコンを使っている時間が長いです。リビングは私の仕事部屋でもあるので、夫が私の後ろでガサゴソ音を立てながらテレビを見ていたり、大きないびきをかきながら昼寝をしていると、非常に気になります。そんなときは、ヘッドホンで雨の音やクラシック音楽を聞きながら作業しています。リビングの夫のスペースはものが乱雑に置いてありますが、「ここは私の世界ではないから、関係ない。このガラクタは彼の問題だ」と心の中でしっかり線引きをすれば、それほど気になりません。

伝えるべきことはしっかり伝える

家が狭いので、夫のものがそこらにあふれていても、「仕方なかろう」と目をつぶっています。しかし、目に余るときは、「玄関にレジ袋を置かないでよ。ここにレジ袋を置く理由なんてないでしょ」とか、「この箱、邪魔だからいい加減どけてよ」とはっきり夫に言います。夫がリビングでチープなキャンドルを何時間も使ったときは、「こんなにおいの強いキャンドルを使うのはやめてほしい。気分が悪くなるから」と自分の要望をしっかり伝えました。

夫と暮らし始めて25年たちますが、**夫が察してくれるのを待つことほど、まずい戦略はないと知りました。夫は自分とは違う人間だから、まず察してはくれません。**それよりも自分のニーズは、まめに伝えておくほうがいい結果を得られます。ただ、ガミガミ、ダラダラ文句を言うのはおすすめしません。相手が意地になってけんかに発展するので、時間とエネルギーの無駄です。伝えたいことは簡潔に丁寧に伝え、そのあとのことは相手に任せるようにしています。

相手の意見を聞く

自分の意見を言うだけでなく、夫の意見にも耳を傾ける努力をしています。人は自分の言いたいことだけを言って、相手の言うことはあまり聞かないものですが、**誰かとうまくやりたいなら、その人の言うことを聞かなければなりません。とくに、相手の心配や不安に耳を傾けるべきだと思います。**ある物事について、夫婦がそろって同じように心配することはまずありません。たいていどちらかが心配し、もう一方は、あまり心配しないものです。

夫は私よりずっと心配性で、私には想像もつかないようなことを心配しています。正直に言うと「悪いほうに考えすぎるのも、ほどほどにしてほしい」と思うのですが、それでも一応、夫の心配事を聞くようにしています。そのあと、「馬鹿じゃないの？そんなことあるわけないでしょ」と言いたいのをぐっとこらえて、夫が心配していることに対して私にできることがあれば、「もしそうなったら、私はこうするから」と伝えます。心配している人は、誰かに話を聞いてもらうだけで心が落ち着くので、相手の話をしっかり聞くことは、結局は自分のためになります。

相手を変えようとしないで、尊重する

相手を変えようとしたり批判したりしないのも、うまくつき合うコツのひとつです。未婚の人は「価値観が同じ人と結婚したい」と言いますが、そんな人はいません。**自分とまったく同じ価値観を持ち、同じように生きている人は自分だけです。共同生活をする夫やパートナーには、必ず自分とは違うところがあります。その違いを受け入れ、相手が自分とずいぶん違うやり方をしても尊重しましょう。**

自分に好きなものがあるように、相手にもある

私はものを減らしてミニマルに暮らし、洗剤はできるだけ自然なものを使いたいと思っていますが、夫は違います。夫はたくさんのものに囲まれて、ケミカルな洗剤を使うのが好きなようです。「人はそれぞれだから、そういう人もいるよね」と考えると、ストレスが減ります。

状況をコントロールしようとすると、ストレスがたまるし、不毛な夫婦げんかが増えます。**常日頃から、伝えるべきことは伝え、相手には好きなようにやらせ、問題が起きたら話し合いをして妥協点を見つける。これが、自分とは違う人間とうまくやる最善の方法ではないでしょうか。**いつも私がそのようにできているわけではありませんが、心がけてはいます。

行動させようとせず、自分が行動する

一緒に暮らしている人に対して、「これはやめてもらいたい」「ここはもっとこうし

てほしい」と思うことはしょっちゅうあるでしょう。私は夫に対して、できれば（まずありえないけれど）ミニマルに暮らしてほしいし、ヘルシーなものを食べてほしいし、化学物質や合成香料がふんだんに使われた洗剤は使ってほしくありません。しかし、夫にこんな行動をさせようとしても、うまくいきません。**相手の行動を変えようとせず、自分が行動したほうが早いです。**

私は、自分の生活をミニマルにすることに注力しています。せっせと不用品を捨て、余分なものを買わない私を見て、夫も影響を受けています。私を喜ばせたいのか、夫が一般スーパーでオーガニックフードを買うことも増えました。人はそばにいる人に影響を受けるので、自分の課題に取り組み、生活の質を上げるために努力することが、相手とうまくやる近道だと思います。

6

高齢の親とつき合うポイントは実家の片づけ

親が年をとってだんだん弱ってくると、つき合い方も変わってきます。とくに50代以降の方の悩みの種は、実家の片づけだと思います。ここからは、私が実際に経験した実家の片づけをメインに、親とのつき合い方のヒントを紹介します。

私の母は昭和8年生まれで今年90歳になりますが、ずっと実家（一軒家）で一人暮らしをしています。元は家族4人が住んでいた家です。50年前に入居してから母は一度も引っ越ししていないので、実家にはもう使わないものがたくさんあります。5年に一度ぐらいの頻度で里帰りしますが、ここ15年ほどは、帰るたびに掃除と片づけをしています。母は私とは違い、家事はしっかりするきれい好きな主婦ですが、70代になってから家の中にほこりが目立つようになりました。ものが多いと家事が大変なので、

２０１４年に里帰りをしたとき、母と一緒に徹底的に片づけをしました。

母はミニマリストではないのでものを捨てるのを嫌がりましたが、かなり量を減らすことに成功しました。私が気をつけたポイントを紹介します。

良好な関係を築けば、片づけはうまくいく

実家にものが多いとはいえ、子どもがコントロールできるのは自分のものだけ。**母親のものを捨てる前に、まず自分のものを捨てました。**捨てたのは、衣類、雑貨、日用品、書籍。それまでも里帰りするたびに所持品を処分していましたが、このときは徹底的に捨てました。

親の承諾を得る

実家は自分の家ではないので、片づける前に親の承諾が必要です。介護施設に入居する、家をリフォームするなどの理由があるか、親自身がものを減らしたいと思っているときは、承諾を得やすいですね。親が何も捨てたくないと思っているときは、「な

ぜものを減らすべきなのか」親が納得できる理由を提示します。たとえば、ものを減らしたほうが安全だし暮らしやすい、掃除が簡単、孫が遊ぶスペースができるなど。**親ががんとして片づけに応じないときは、「お母さんのためなのよ！」と言うのではなく、「ものを減らしておくと私が安心だから、私のために捨ててほしい」と言ったほうがうまくいきます。親はいくつになっても子どもがかわいいですから。**私は「ブログのネタにしたいから毎日少しずつ捨てよう」と言いましたが、母はあっさり協力してくれました。

親が片づけたいと思うものから始める

片づけることが決まったら、親が捨てたいものから処分を始めます。子どもが一方的に片づけるのではなく、親が主体的に参加できる状況をつくるのがポイント。そうしないと親は、「子どもに捨てさせられた」という被害者意識を持ちます。「何か捨てたいものある？」と聞いても「ない」と言うでしょうから、「どこか、スッキリさせたい場所ってある？」「片づけたい部屋とかある？」などと聞いてみるといいでしょう。

「この間、自分の家のクローゼットを片づけたんだけど、意外にたくさん服を持ってたんだよね。お母さんはどう?」と、それとなく水を向けるのもよい方法です。

命令ではなく提案する

親子は遠慮がない間柄なので、「これ、もう捨てなよ」と子どもが親に命令しがちですが、これは最悪のやり方です。命令されるのが好きな人はいません。

人の片づけを手伝うときに、ひとつずつものを見せながら、「これ、いる? いらない?」と聞く方法がありますが、母親にはやりません。**捨てることが苦手な人に「捨てる・捨てない」の決断を迫ると、大きなストレスになるからです。**そうなると「もうあんたは片づけに来なくていい!」と、親に言われてしまいます。「これ、すごくたくさんあるし、少し減らしたらいいんじゃないかなあ」とやんわりと提案しましょう。

親の身になりながら少しずつ

親の気持ちを考えながら、「ちょっとのんびりしすぎているかな」ぐらいのペースでやったほうがうまくいきます。**親の家の片づけは、親の便宜を図るためにやること。他人にはガラクタに見えても、当人にとっては大事なものだったりするのです。**捨てることに慣れない人は、明らかに使っていないものを手放すときでも身を切られるような痛みを感じるようです。母と実家を片づけていたときは、夏だったこともあり、平日の午前中に30分前後作業して長々とやらないようにしました。

コミュニケーションを楽しむ

実家を片づけていると、子どもの頃使ったものが出てきて、親と思い出話になるかもしれません。自分のものを捨てるときは、「いちいち思い出にひたらず、さっさと事務的に捨てるべし」と言う私ですが、親と片づけるときはコミュニケーションを楽しむつもりで和気あいあいと行ったほうがうまくいきます。**親が片づけに対してネガティブな気持ちを持つと先に進むことができないので、いい雰囲気づくりを心がけてください。**私は遠くに住んでいて普段会えないので、母と片づけた時間はいい思い出になっています。

片づけ終了後にフォローする

いったん片づけが終わっても、後日フォローします。「台所使いやすくなった？」とか「最近、何か捨ててる？」と電話やメール、LINEなどで親に聞くのです。**生活をしている限りものが入ってくるので、油断しているとすぐに元に戻ってしまいます。**

里帰り中に、毎日のようにカタログやDMが届くことに気づきました。配布を停止すればいいのに、母は面倒なことだと思い込んでいたようです。娘あてに成人式の着物のDMが届いていたので私が電話して止めましたが、母とこんな会話をしました。

筆子：このDM、電話して止めよう。
母：そうだね。カナダにいますからいりません、って言えばいいね。
筆子：理由なんて言わなくていいんだよ。ただ、止めてください、だけでいいの。

その後、私はメールや電話でたくさんのカタログを止めました。後日カナダに戻ったあと、母にメールで「カタログ減った？ 止めたいものがあるなら言ってね」としっかりフォローしました。

7

独立した子どもと程よい距離感を保ちながらつき合うコツ

50代になって子どもが巣立つと、母親としての役割を失い、虚脱感を覚えることがあります。こんな状況を空の巣症候群と呼ぶようですが、私の体験、さらにブログの読者の方のコメントから、ネガティブにならない心の持ち方を紹介します。

娘が独立したとき、思い切って考え方を変えた

私には25歳になる娘がいます。娘は大学在学中の18歳のときに家を出て、以来一人暮らしをしています。**急に家を出ていったので、最初の2週間はとても寂しく感じました。でも、一方で解放感もありました。**もう毎朝娘を起こさなくていいんだ（娘は自分では起きられなかった）、もう娘の注文に合わせてステーキを焼かなくていいんだ（娘も

夫も肉の焼き方にうるさい）、もう夫と娘の間に入ってけんかの仲裁をしなくていいんだ、とほっとしました。

何よりうれしかったのは、空いた娘の部屋を自分の部屋として使えるようになったことです。わが家には寝室は、ふたつしかありません。ひとつは夫、もうひとつは娘が使っていたので、私はリビングで寝ていました。リビングでは、夫が夜遅くまでテレビを見ています。それに、寝ていた場所はデスクトップパソコンの置いてある机の傍らだったので、理想的な睡眠環境とは言えませんでした。自分の部屋ができて、静かな部屋で眠れるのが、とてもうれしかったのです。

娘の自主性に任せ、うるさく言わない

私は昔から娘に対しては放任で、片づけられなくても、勉強ができなくても、いつも同じ服ばかり着たがっても、うるさく言わず、好きにさせていました。むしろ、夫のほうがあれこれ娘に注文をつけます。

高校生のときの娘の部屋はぐしゃぐしゃで、その部屋の写真を撮影し、汚部屋の例

としてブログの記事にしたことがあります。この記事を読んだ方から、「子育てがなってない」というお叱りの声をいただきましたが、**私は命の危険がない限り、親が先回りして片づけないほうがいいと信じていました。片づけていないために起きる事態や問題に対して、娘自身に責任を取ってもらいたいと考えていたのです。**このやり方が功を奏したのか、それとも単なる偶然か、娘は私が20代だったときとはまったく違う、自立した人間になりました。

現在は毎日Ｓｎａｐｃｈａｔで挨拶をして、２カ月に一度ぐらい、娘の家に行って一緒に買い物や掃除をします。それが終わったら、Ｎｅｔｆｌｉｘを見ながら、デリバリーのご飯を食べるのがお決まりのコースです。３カ月に１回、私が遠方の歯医者に行くときは娘が車で送ってくれます。

相手の生き方を尊重する

子どもとうまく距離をとってつき合う秘訣は、相手を一人の人間として尊重し、信頼することだと思います。親子がうまくいかない一番大きい要因は、親が威厳を振りかざして、子どもに自分のやり方を強制することではないでしょうか？　それは、必ずしも高圧的な振る舞いだけではありません。ことあるごとに子どものサポートをし、不幸な目に遭わないように気遣う過保護なお母さんも、結局は子どもをコントロールしようとしています。誰だって、コントロールされるのは嫌です。**自分の要望を押しつけようとすると子どもには負担だし、自分自身も思いどおりに進まないことにストレスや自己嫌悪を感じます。**

親の影響力はたかが知れている

ブログの読者から、「自分の子育てのせいで子どもの未来が不幸になるんじゃないか」「離婚して再婚した私は、子どもから家庭を奪ったんじゃないだろうか」というような相談をいただくことがあります。こんな質問に私はいつも、「親はそこまで子どもの人生に影響を与えることはできない」と答えています。

私たちは、自分のライフスタイルを変えることですら相当苦労するのに、他人の生き方を変えることなんてできません。他人がどう感じ、どんな行動をするかは、たとえ親子といえどもコントロールできないのです。人の人生は、実にいろいろなことが影響し合ってつくられます。「自分のせいで、子どもがこうなってしまった」というのは、傲慢な考え方ではないでしょうか？

上手に子離れをし、空の巣症候群を予防

うまく子離れするコツは子どもの人格や生き方を尊重することです。そして、「自分も人も生活環境も変わっていく」という当たり前の事実を受け入れること、さらに、自分自身の人生の充実を図ることです。

私はブログに「一生ものなんてない」と書いています。「これは一生ものだからずっと捨てない」と後生大事にしていた本や、一生やり続けようと思っていたお香やお菓子作りの趣味を捨てた体験から感じたことでした。無理に捨てたわけではなく、自分や生活が変わって、ごく自然に必要なくなったから捨てたのです。

食生活が変わった話はすでに書きましたが、自分が白米を食べなくなるなんて夢にも思っていませんでした。**時間が経過すれば、「これは一生捨てられない」「これは絶**

対必要」と思う気持ちは、わりと簡単にくつがえされます。人の生活は変わるから一生ものなんて幻想なのです。

この記事を読んだ読者Bさんから「子離れできなかった私を救ってくれた」というメールをいただきました。Bさんは、3人いる息子さんのうちの2人が巣立ってから突然静かになった家の中で泣き、ご飯を作りすぎては泣き、息子さんたちの部屋を片づけようとして、思い出のあるものを見ては泣いていました。子どもたちがいる間は、「あんたたちが散らかすから片づかない。出ていったら、ゆっくり片づける」と言っていたのに、本当に出ていったら捨てられないものばかりだったそうです。

でも、Bさんは記事を読んで、人も生活も変わるし、変わっていいんだと気づきました。「息子たちは自分の道を進んでいる。前に進むのに不要なものを置いていったんだ」と納得したら、片づけがはかどりました。そして、家にいる三男や、自分自身の生活に向き合うことに。その後、資格を取得するために学校に通うことにしたBさんは、「まさか片づけから私の人生が変わっていくなんて」と驚いていました。

第5章

ミニマルライフを続けて60代以降も楽しく暮らす

1

50代で始めた趣味で、人生も気持ちも豊かになった

50代はいろいろなことが大きく変わりました。ミニマルな暮らしに拍車がかかったこと、ブロガーとして仕事を始めたこと、娘が独立して子育てが一段落したこと。すべて50代に起こりました。そんな人生の転換期に始めて気持ちが豊かになり、今も楽しんでいる趣味を紹介します。

ずっとやりたかったフランス語の勉強を始めた

50歳になった春、フランス語の勉強を始めました。私は子どもの頃から言葉に興味があり、小学生のとき、初めてしたプレゼン（学習発表会）では、「橋」と「箸」、「雨」と「飴」のアクセントの違いを説明しました。あがってしまって、肝心の部分を飛ば

しましたが、同級生に「おもしろかった」と言われたことをよく覚えています。中学で英語を始めてからは、時期によって熱心度は違えどずっと学んできました。

フランス映画が好きでフランス語にあこがれを持っていたものの、とくになんの行動も起こさずに30年たっていたある日、とうとうフランス語の勉強を開始しました。その2年前、小学校4年になった娘の学科にフランス語が加わったので、当時フランス語のことがよく頭に浮かびました。「娘の宿題を手伝ってあげられたらいいな」「英語の小説に時々出てくるフランス語の意味がわかったらいいな」と思ったのです。

そんなとき、NHKがフランス語のラジオ講座のストリーミング放送を開始しました。海外にいても、番組を聞けます。「これはチャンス!」と、1年間ラジオ講座を聞きました。それ以降、独学でフランス語の勉強を続けています。

どんな言葉でも、外国語を学ぶのは楽しいものです。私はわからなかったことが、少しずつわかるようになるところが好きです。日本語字幕で見ていたフランス映画をより楽しめるようになり、ヨーロッパの視点でニュースを見る機会ができて、視野も広がりました。しかも、フランス語を始めたことがきっかけで、人が読むブログを書き始めるようになったのです。

ブログを運営し、収入を得ることができた

初めてネット上にブログ（当時は写真日記）を書いたのは、２００３年の8月の終わり、娘が幼稚園に入る直前です。私は44歳でした。以来9年近く、毎日のように身辺日記のようなブログを書いていましたが、人に読んでもらうことは考えていませんでした。自分の記録代わりに書いていただけで、読者がいるとすれば、日本にいる親しい友人ぐらいでした。

フランス語を始めて3年目に申し込んだオンライン講座の先生が、生徒たちに学んだことをブログで発信するようすすめたので、私も専用のブログを立ち上げ、勉強日記をつけ始めました。読者を意識して書いたのは、この勉強日記が初めてです。自分が勉強している講座を紹介し、ほかの人が申し込むと、先生から報酬をいただくことができました。貧乏主婦だった私は、「せめて、この講座の授業料ぐらいは手に入れた

い」と思いました。その後、ブログの書き方や運営方法の勉強もしました。

ブログは、収入を得なくてもただ書くだけで、さまざまなメリットがあります。お金をかけずに手軽に始められ、備忘録、頭の整理、自己表現、独自の研究などに使うことができます。読者との交流を楽しむ人もいます。**人に読んでもらう記事を書くためには情報収集や勉強も必要なので、どんどん成長できます。しかも、自分の体験が誰かほかの人の役に立つのです。**

ミニマルに暮らすために試したことや考えたことは、すべて日記ブログに記録しました。家に入ったもの、処分したもの、片づけの計画、ゴールや達成状況、本を読んで学んだこと、実際に片づけて気づいたことなどです。ブログがペースメーカーになりました。頭で考えているだけだとなかなか行動できませんが、デジタルでもアナログでもいいので考えを書き出して、整理していけば行動を起こせます。「筆子ジャーナル」は、長年ブログを書いてきて手に入れたスキルを集大成したものです。このブログが数年後の本の出版や、エッセオンラインでの記事の執筆につながりました。

大人の塗り絵が視野を広げてくれた

50代の最後の年に、塗り絵を始めました。この趣味も私の視野を広げてくれて、毎日がより楽しくなりました。大人の塗り絵が一大ブームになったのは2013年から2015年頃ですが、私はちょっと遅れて2018年に始めました。当時、イギリスのドラマ『ダウントン・アビー』をよく見ていて、アマゾンでシナリオ本を探していたとき、このドラマの塗り絵本を見つけたのです。『ダウントン・アビー』の舞台は20世紀初頭のイギリス。貴族と使用人の群像劇で本物のお城で撮影されており、セットも衣装も豪華だから塗り絵になるのもよくわかります。結局、この本は買いませんでしたが、にわかに塗り絵がしたくなってすぐに本屋に走っていき、ジェイン・オースティン（イギリスの小説家）の名言にイラストをあしらった塗り絵を購入しました。

塗り絵は純粋に楽しいし、無心になれます。塗り絵をしているときは、デジタル機器から離れられるところも気に入っています。私はモニターに向かっている時間が長

いので、アナログでできる作業をしていると心が休まります。

塗り絵を始めてから、周囲にあるものの色に敏感になりました。朝、のんびり走っているとき、木々の色や家の壁の配色に目が行くようになったのです。よく見てみると、木の幹、枝、葉、すべて一色ではなく複雑な色です。たくさんの色が混ざっているのに脳は「木の色」とうまく認識して、しかもどれもきれいなので、「なんだか、すごい！」と感動しました。

映画のタイトルバックや広告を見るときも、配色に意識が向くようになりました。私は言葉が好きなので、キャッチコピーなどはじっくり読むほうですが、今はフォントの形や色、あしらい方も味わっています。毎朝目にする植物も建物も、ずっとそばにあったのに、それまで見ていなかったものがたくさんあったことを教えてくれたのも塗り絵です。

すでに紹介したモーニングページ、運動、家計管理も50代で始めた趣味のようなものです。ミニマルに暮らし始めたことが、こうした行動につながりました。

2

ミニマリストが50代以降に買ってよかったもの

ものを増やしすぎないように心がけていますが、必要なものは買い、長く使うようにしています。ここ15年ぐらいで買ってよかったものは以下の品物です。

10年日記

2011年から10年分の日記を書ける日記帳を使い始め、今使っているのは2冊目です。日々の備忘録は大学ノートに書くこともできますが、日付が入っているほうが便利です。同じ日付に10年分の書く欄がついているので、数年前の同じ日に書いたことを読み返す楽しみがあります。毎年、似たようなことを書いていて、進歩のない自分に笑ってしまいます。10年間書ける日記帳はカナダでは見かけないので、日本の書店やアマゾンで購入します。

ミニトランポリン

天候のせいでジョギングに出られないときに使うために、ミニトランポリンを買いました。走れない日は1時間ほどミニトランポリンで、1日1万歩は跳んだり、歩いたりします。ジョギングした日も、昼間、気分転換に使います。初めて買ったのは9年前。初代のトランポリンは2年で壊れてしまったので、今使っているのは2代目です。ミニトランポリンには、骨密度を上げる、リンパ液の流れや血行をよくする、白血球を増やすなど、うれしい健康効果があります。

ゴム製のほうき

カーペット敷きの私の部屋の掃除にはゴム製のほうきを使っています。ペットの毛を掃除するためのほうきとして売られているものですが、抜け毛やほこりをしっかりかき出せます。このほうきの存在を知ったのは数年前の夏のこと。娘が引っ越しする際、掃除の手伝いに行き、娘の友人のゴム製のほうきを初めて使ったのです。おもしろいように抜け毛が取れるのですっかり気に入り、自分用にも買いました。掃除機は引っ張り出すのが面倒だし、電気を使うし、うるさいし、ほこりが舞うので、ほうきのほうが好きです。ほうきで髪の毛、ほこり、その他のゴミをかき出したあと、固く絞った雑巾（ウエス）でカーペットを水拭きしますが、とても手軽に掃除できます。

― キンドル

51歳になった春、自分への誕生日プレゼントとして、キンドルをアメリカのアマゾン（当時、カナダのアマゾンはなかった）で買いました。以来、ずっとキンドルを使って読書をしており、使わない日はありません。これまで何台か買い替えています。キンドルは活字の大きさを変えることができるので、老眼でも読みやすい大きさの文字にしてしまえば、裸眼で読書できます。私は高校生のときからお風呂で本を読むのが習慣ですが、老眼になってから紙の本が読みにくくなりました。お風呂でメガネをかけると湯気でくもるので、老眼鏡は使えません。でも、キンドルならお風呂での読書が可能です。防水機能がついているので、うっかり浴槽に落としても大丈夫です。

圧力鍋

2008年に初めて圧力鍋を買ってから、同じ鍋を使っています。途中で一度、フタのパッキンを買い替えましたが、鍋そのものは16年目に入った今も、普通に使用できています。好物の小豆や黒豆を煮るために買いましたが、玄米を炊くときも重宝します。キャベツ多めの野菜スープもよく作ります。圧力鍋を使うと、キャベツの芯も余すところなくスープに利用できるので、体と財布にうれしいアイテムです。

木枕

2014年に入ってすぐに木枕（桐製）を買ってから、ずっと同じ枕を使っています。硬い枕を首にあてて寝ると、首の骨の歪みが矯正され、健康によいと本で読んだので使い始めました。私には合っているようで、使用感はとてもいいし、使い始めてすぐに肩こりが激減しました。

木枕を使う前は普通の枕を使っていたので、何年かおきに買い替えていたし、枕カバーの洗濯も必要でした。木枕はこれひとつあれば用が足りるし、火事で燃えでもしない限り一生持つはずです。小さくて軽いので、旅行にも持参しやすいですよ。

フィットビット

フィットビットは、腕時計のように手首につけておくと、歩数、心拍数、消費カロリー、睡眠状況などを計測できるツールです。娘が欲しいと言った際、私自身も万歩計が欲しいと思っていたので、一緒に買いました。スマホのアプリと同期させてデータをチェックできます。いろいろな機能がありますが、私が主に使うのは、万歩計、時計、睡眠状況のチェック機能です。

フィットビットのおかげで毎日1万歩歩き、1時間に1回、体を動かすことができています。睡眠状況の点数がつくので、睡眠不足の翌日は、「今日は早く寝なければ」と自分を戒めるのに役立ちます。心拍数で睡眠を測るので、実際の睡眠時間とはズレがありますが、眠りの深さなどを参照できます。

充電式のライター

早朝の暗いときや夜間、いつも自室でみつろうのキャンドルを灯していますが、ずっと使い捨てライターを使うことに抵抗がありました。そこで3年ほど前に、充電式のライターを買って使ってみたところ、とても便利なので気に入っています。私のライターは、電熱コイルを使って着火するものです。柄が長いからガラス瓶の中で減って短くなったキャンドルにも簡単に着火できます。

充電はUSBでしますが、2週間に1回、2時間ぐらいで終わります。使い始めてまだ3年ほどなので、内蔵電池がどれぐらい持つのかわかりませんが、今使っているのがだめになったら、同じ製品を買うつもりです。ちなみに、みつろうキャンドルも毎日のように使っている愛用品です。

3

時間を無駄にしない、「暮らしが整う時間管理術」

ブロガーという私の仕事には締切がないので、自己管理をしないと、果てしなくサボってしまいます。そこで私は、**毎月・毎週・毎日の予定を立てて、それに沿って仕事や家事をしています。こうすると無駄なく時間が使えるようになり、自分のやりたいことは、だいたいできます。**

毎日が楽しくなるミニマリスト的時間管理術

家事も仕事も趣味も、時間とやることを決めて、毎日同じように取り組みます。そうすると習慣になるので、何も考えなくても勝手に体が動きます。時間管理術について、心がけていることを紹介します。

大事なことを1日3つだけ行う

時間も体力も有限なので、無理をせず、大事なタスクを1日3つだけするのが目標です。その他も本当にやりたいことをします。運動や趣味も大事なことなので、毎日必ず行っています。時々、タスクを洗い出し（書き出し）て見直しをします。

自分のために時間を使う

To-Doリストが、人のための仕事だけで埋まらないようにしています。とはいえ、私はフリーランスですから、頼まれ仕事はありません。大人なら仕事でもプライベートでも、誰かのために動かないといけないことがあるでしょう。そんなときも、1日の中で少しでも自分のための時間を持つことをおすすめします。

テーマとゴールを設定する

何をするときにも、これからする作業のテーマとゴールを明確にします。「ブログを執筆して完成させる」とか、「リラックスして体を休める」など。だらだらしたいときは、「だらだらして気分転換する」というテーマにし、時間を決めてだらだらします。

作業は細分化する

すぐに終わらない作業は、小さなタスクに分けます。一口にブログの更新と言っても、トピックを考える、ネタやキーワードを集める、構成案を書く、執筆する、読み直して修正、画像を用意、投稿するなど小さな作業の集まりです。

作業によって大変さが違うので、疲れているときや時間がないときは軽めの作業を、元気なときや時間があるときは労力のいる作業をします。こうすれば半端な時間もうまく活用できます。

キャッチアップする時間を作る

予定通りに作業が進まないことは日常的に起きます。週に2日、遅れを取り戻す（キャッチアップ）時間を作っています。今は水曜日の午後と日曜日がその時間です。

1日を5つに分けるタイムスケジュール

1日を5つの時間帯に分け、睡眠を含めてスケジューリングしています。

○午前5時〜10時（5時間）：身支度、モーニングページなどのノート書き、趣味、運動、家事、仕事の準備。仕事が立て込んでいるときは趣味の時間を仕事にあてます。

○午前10時〜午後4時（6時間）：仕事、昼食。用があるときは、仕事時間を少し削ることも。コアタイムは11時から午後3時半までの4時間半です。

○午後4時〜午後6時半（2時間半）：家事、夕食、趣味。

○午後6時半〜午後9時半（3時間）：入浴、フリータイム。仕事があれば1時間ぐらいします。

○午後9時〜午前5時（8時間）：睡眠。忙しいときは、9時半ぐらいに寝ることも。

スケジュールを立てるとき、一番重要視するのはやることを減らすこと。所持品と一緒で、量より質を心がけています。また、先延ばししないことも重要です。やるべきことをやらないのはストレスがたまりますから。用事が予定通りに終わることってあまりないですよね？　必ず邪魔が入り、思うように進みません。タスクを先延ばしすることは、こういう不確定要素をたくさんため込むことだと思います。

家事を減らすアイデア

家事に費やす時間を減らせば、ほかのことに使える時間が増えます。私は家事があまり好きではないので、以下のことを心がけて、負担を減らしています。

- ものを減らす…ものが少ないほうが、管理するものの数が減ります。
- ついでに掃除する…掃除が大変になるのは汚れをためるから。気がついたときにさっと拭いたり、ゴミを拾ったり、乱雑になったものをちょっと整えておいたりします。
- やらなくてもいい家事を手放す…やりすぎず、適当なところで切り上げます。
- 誰でも使いやすい収納をする…家族や業者に任せることができるよう、誰が入っても、ものがどこにあるのかわかるようにしておきます。

4

思い出のものを手放して心も自由になる

生きてきた時間が長くなる50代以降は、思い出の品をいっぱい持っているものです。でも、人生の後半を充実させたいなら、思い出の品を持ちすぎると、かえって足かせになります。ものの管理には時間も体力も必要なので、「これからの人生、もっと楽しいことに時間を使っていきたい」と私は考えています。

どんなものでも数が多いとガラクタ

ひとつひとつは大切な思い出が詰まっていても、ありすぎると価値が下がります。どんなものも数が多すぎるとガラクタになるのです。思い出の品をまとめて箱に入れ、物置や押し入れの奥に突っ込んでおくのは、大事にしているとは言えません。

ものが多いと管理が大変になる話はすでに書きました。思い出の品も例外ではありません。「普段はしまいっぱなしにしているから別にいいんじゃない？」と思うかもしれませんが、しまいっぱなしならば、わざわざ持つ必要はありませんよね。

大事な出来事は忘れないので、たくさんのものをキープする必要はありません。私は、思い出の品をほとんど持っていません。自分が子どもの頃の写真は、赤ん坊のときのものを含めて手元にあるのは6枚だけですが、ほかの写真も脳裏に焼きついています。父と写っている写真や幼稚園のときに先生と撮った写真は、何度も見たのでいつでも思い浮かべることができます。写真や記念品が残っていない出来事でも、ふとした拍子に思い出すことはいくらでもあります。音楽やにおいも、思い出すきっかけになりますよね。自分の心さえあれば、いつだって思い出はよみがえるのです。

思い出の品は実生活で活かす

人が思い出の品をとっておくのは、何かを思い出すためです。押し入れの奥でほこりまみれにし、カビを培養するためではありません。捨てられないなら、その思い出の品を実生活で活躍させてみてはどうでしょう？　私はこんなことをしています。

飾る・使う

今の家は狭いので、あまりものは飾りませんが、以前の家では、子どもが幼い頃に作ったものを季節に応じて飾っていました。バレンタインデーにはハートを抱いているテディベアの置物、クリスマスにはポテトチップスの筒に綿（わた）をつけて作った雪だるまが定番でした。

食器や洋服、アクセサリーなどの実用品は「使うことはできないかな？」という視点で見てください。大好きだけどもう着ない服はリメイクするなど、アイデアが浮かびます。なかには、「これはちょっと使えないわ」と思うものもあるかもしれません。そういうものは使ってくれる人の手に渡るよう、私は手放すことにしています。

娘が初めて履いたバレエシューズを、ずいぶん長く棚にしまっていたことがあります。すぐに足が大きくなり、履けなくなったので新品同様。きれいなピンク色で、とても小さくてかわいい靴。でも、あるとき「実用品は使うべきだ」と思い直し、バレエスクールのセールに出しました。こんなことを思い出せるのも、捨てたからです。いまだに棚に入れっぱなしだったら、この靴のことはすっかり忘れているでしょう。

デジタル化する

大事な写真や手紙、レシピなどはデジタル化すると、見たいときにすぐに見られます。携帯電話やスマートフォンで写真を撮って、スマホのアプリにもあるｉＣｌｏｕｄやＤｒｏｐｂｏｘ、Ｇｏｏｇｌｅフォトなどのクラウドストレージに入れておくだけなので、便利です。

私の母は絵手紙を描くのが趣味で、たくさん絵手紙を送ってくれました。もらった葉書をすべて持っていましたが、数が多くなったのでお気に入りのものだけ数枚残し、まあまあお気に入りのものは写真に撮ってデジタル化し、葉書は捨てました。**思い出深い品も丸ごと残しておかずに写真だけ残せば、十分昔のことを思い出せます。**

5 持ち物もミニマルにして外出を身軽に楽しくする

暮らしをミニマルにするのと同様に、バッグの中身も軽くしました。50代以降は外出すると、「少し歩くと疲れる」など体力の衰えを感じてしまいます。行きたいところに気軽に出かけるために、バッグの中身を整理することをおすすめします。私は大半の持ち物は定番を決めているので、使うバッグも中身もいつも同じです。

必要なものだけを持ち歩く

私は持ち物にあまりこだわりませんが、**余計なものを持たないことには、こだわっています。バッグの中にも、余計なものは入れません。**

たとえば、本を読む時間がしっかり取れるかどうかわからないときは、キンドルは入れず、出先ではiPhoneで本を読みます。iPhoneにもキンドルのアプリが入っているので、本をダウンロードしておけば、オフラインでも読むことができます。電子書籍をメインで使うようになる前は、雑誌から読みたいページをちぎったものやパソコンからプリントアウトした記事を持ち歩いていました。

日常使い用・外出用と使い分けるとものが増えるので、バッグに入れるものは、普段も使っているものが多いです。

ミニマルライフで持ち物も変わった

娘が小さかった頃は、もちろん、今より荷物が多かったです。ただ、娘の成長とは関係なく、バッグの中身は次第に減っていきました。その理由は、以下の4つです。

- ものを持たない暮らしをするようになった
- iPhoneを持つようになった（iPhoneはマルチな機能があるので、カメラや地図などは必要なくなりました）
- 化粧をやめた（化粧品を持ち歩かなくなりました）

◦買い物しなくなったので帰りの荷物が増えない

私は車に乗らないので、荷物は少なければ少ないほどいいと思っています。若い頃は荷物も多く、複数のバッグを持っていたので、バッグインバッグというバッグの中身を整理整頓するためのバッグまで持っていました。昔買ったバッグインバッグは今、裁縫道具を入れるのに使っています。

二 いつも使うバッグはひとつに決めている

いつも使っているのは黒いショルダーバッグです。吉田カバンのタンカーというシリーズのLサイズ。16~17年前に、懸賞の景品としてもらいました。懸賞でもらったものはほとんど捨てましたが、これは例外です。

シンプルで丈夫、軽いし、見た目よりたくさん入るので、ずっと愛用しています。

普段使うバッグはこれひとつだけで、遠出など荷物が多いときはこのバッグにバックパックをプラスします。

普段のバッグの中身

出かける先によって中身が多少変わりますが、**いつも入れているのはタオルハンカチとティッシュ、財布、エコバッグ、マスク（母の手作り）、家の鍵、イヤホン、iPhone、メモ帳とボールペン、老眼鏡です。**

ティッシュは、10年以上前、義理の母が家に来たときに忘れていった使いかけのものです。私は普段ティッシュは使わないので不要ですが、フードコートの汚れた椅子やテーブルを拭くために持ち歩いています。でも、最近はフードコートにもめったに行かないため、いっこうに減りません。

財布は小銭を取り出しやすい長財布で、２０１６年の春に買ったものです。新型コロナウイルスが流行してから、外で買い物することが減りました。買い物したとしても、クレジットカードを使います。でも、もともと私は現金派なので、現金を出し入れしやすい大きな財布を使っています。メモ帳には買い物リストを書いています。老眼鏡は、ドラッグストアで「リーディンググラス」として売っていたものです。

遠出をするときのバッグの中身

買い物や医者通いではなく、移動時間が長い外出をするときは、普段持っているものに水筒（保温・保冷タイプ）とキンドルが加わります。水筒は大小持っていて、使い分けています。大きいほうの容量は480cc、小さいほうは200cc。夏場は水、冬場は熱いハーブティーを入れます。カフェインを摂らないようにしているし、外で飲料を買うと高くつくので、飲み物はいつも自分で用意します。

小さい水筒は水をいっぱい入れても315gで、とても軽いし、コンパクトです。大きい水筒を入れるとバッグが重くなるので、外出時間が長くても小さい水筒を選ぶことがあります。水筒は家でも便利に使っています。

今あるものを大事に使うほうが自分らしい

ここ20年ぐらいは、手に入れたものをだめになるまで使っていますが、若い頃は、そうではありませんでした。「もっといいバッグ」「もっと使いやすい財布」を求めて、

外出時に使っているバッグは、これひとつ。丈夫で軽くて重宝しています。15年以上使っていますが、これからもずっと使い続けます。

新しいものを買うことがよくあったのです。
かつての私は、よりよいものを追い求めると、よりよい生活に向かうと思っていましたが、今考えると、単に買い物がしたかっただけです。**どんなにいいバッグを買ったところで、機能に大差はありませんから。**それに、**完璧なものはこの世にはありません。それよりも、縁があって手元にやってきたバッグや小物を大事に使うほうが経済的だし、自分らしい生活だと考えています。**毎日外出するわけではないので、今使っているバッグは一生持つでしょう。

普段のバッグの中身。上から時計回りに、タオルハンカチとティッシュ、財布、エコバッグ、リーディンググラス、メモ帳とボールペン、iPhone、イヤホン、マスク（母の手作り）。あとは、家の鍵がプラスされるだけです。

外出時に持参する大小の水筒は、左は480cc、右は200cc。行き先や荷物の重さによって、使い分けています。外で飲み物は買いません。

6

70代、80代に向けて、これからの暮らし方

私は今年64歳になります。カナダの社会福祉制度では65歳以上がシニアシチズン（高齢者）なので、来年は高齢者。理想のシニアライフについてお話ししましょう。

健康で自立した生活を送る

高齢者になっても、できるだけ長く自立した生活を送りたい。これが私の一番の願いです。今のところ私は、若い頃とそんなに変わったという自覚はありません。精神年齢はずっと30歳ぐらいだし、身体的に「年をとったな」と思うのは、老眼になったことだけです。もちろん、見た目は老けましたが、毎日少しずつ老けているので、鏡で自分の顔を見ても、浦島太郎のような衝撃はありません。

でも、どんなに今元気でも、老いも死も必ずやってきます。絶対やってくるのだから、その現実は潔く受け入れて、寿命が尽きるまで楽しく生きていきます。

2020年に新型コロナウイルスが流行ったとき、カナダでは高齢者施設でたくさんの犠牲者が出ました。高齢だから病気に弱いのは当然ですが、多くの施設でクラスターが発生したのです。政府が高齢者施設に十分な予算を使っておらず、人手不足で、しっかり手が回らなかったせいです。当時、毎日ニュースを見ていて、「施設には絶対行きたくない」と思いました。

一人でいるより、施設で暮らしたほうがいい面もたくさんあります。でも、私はずっと一人でいたい（夫はたぶん私より先に死にます）。そのために必要なのは健康です。50代も健康に気を配ってきましたが、60代、70代も健康第一で暮らしていきます。

本当にやりたいことに時間とお金を費やす

年をとると若い頃のように体を動かせないし、病気になることも増えるので、「お先真っ暗だ」と考える人もいるかもしれません。しかし、その一方で、さまざまな制約や責任から自由になれます。今年90歳になる私の母はまだ元気ですが、同級生のなかには、両親とも見送った人が何人もいます。70代ともなれば、配偶者も見送っているかもしれません。そうすると、あとはすべて自分のための時間です。

せっかくの自由時間に、「周りに迷惑をかけないようにしつつ、のんびり余生を送ろう」と考えるのはあまりにもったいない。今こそ、やりたかったことに挑戦するチャンスではないでしょうか？

人によってやりたいことは違いますが、誰にだってあるはずです。**若い頃は忙しすぎてできなかったこと、周りの目を気にしてチャレンジできなかったこと、一度やってみたけど挫折してそのままになっていることはないか考えてみてください。60代、70代、いえ、そのあともやりたいことをするのに最適な年代です。**

今でもわりと好きなことをしている私ですが、老後はもっと自由にやりたいことに時間とお金を使います。ブログの仕事も語学の趣味もずっと続けるでしょう。メインはフランス語ですが、英語のやり直しもしたいし、最近韓国語も始めました。あなたのやりたいことはなんでしょうか？　50代のうちに理想の老後をイメージして、準備をしておくといいと思います。

自分のために生前整理

「息子や娘に迷惑をかけたくない」という理由で、不用品の片づけをがんばる人がいます。ですが、片づけは自分のためにすることです。不用なものを手放せば、その日から暮らしやすくなり、時間もお金もできます。その恩恵を最大限活かしましょう。

50代の方に向けてこの本を書いていますが、60代だろうと70代だろうと、いくつになっても本人にその気さえあれば、どんなことにも挑戦できると思っています。年をとってできなくなったことを数えるのではなく、できること、やれそうなことに意識を向けてください。

失敗は新しいことを教えてくれる教訓、困難なことは自分を成長させてくれるチャンス。こんなふうに私は考えています。

おわりに

手放してしまえば、もっと素敵なものが手に入ります

私にとって50代は、人生の後半を自分らしく暮らすための土台づくりをした10年でした。若い頃からミニマルに暮らしたいと思っていましたが、「ものを捨てる↓増やす↓また捨てる↓また増やす」を何度か繰り返したあと、50代に入って、ようやくミニマルな暮らしに落ち着いたのです。

余計なものやタスクを手放して、本当にやりたいことに取り組むことは、私の生活のすべての指針となっています。そのおかげで、仕事、お金の管理、健康管理、趣味など、新しいことをいくつも始めることができました。どれも、最初からうまくできたわけではありません。そのとき自分ができることから小さく始め、楽しみながら少しずつハードルを上げていきました。

ありがたいことに、今のところ私も家族も健康で、娘が独立した今、私は自分の時

間が自由に使える身です。私とは違って家事や仕事、地域の用事、家族の世話で忙しい人にとっても、ミニマルな暮らしは助けになります。むしろ忙しい人ほど、ミニマルライフにするべきではないでしょうか？　管理できないほどものを持ってしまうと、その世話だけで人生の後半が終わってしまいます。大事なものに目を向け、より居心地のいい空間や人間関係に身を置くほうが、自分らしい楽しい暮らしになりますよ。

中年になって苦しむことがあるとしたら、それは年齢とともに失うものに執着するからです。別に失ってもいいんです。手放してしまえば、今の自分に合った新しい、もっと素敵なものが手に入るのですから。

この本のもとになったのは、エッセオンラインの記事、そして「筆子ジャーナル」という私のブログです。毎日のように記事を読み、応援や感想のメールを送ってくださった読者の皆様のご支持が、本の出版につながりました。心より感謝申し上げます。

筆子

筆子（ふでこ）

カナダ在住の60代ミニマリスト。1959年、愛知県生まれ。かつてはものに囲まれた生活を送っていたが、あるときため込んだものの多さに疲れ、シンプルな暮らしを志すように。1996年にカナダへ渡り、以後25年以上暮らし続けている。50歳のとき、経済的不安を感じ、本格的にミニマリストになる。夫と娘の3人家族で、現在娘は独立し夫と2人暮らし。ブログ「筆子ジャーナル」では、持たない暮らしや海外のミニマリストに関する情報を発信。著書に『1週間で8割捨てる技術』『それって、必要？』（いずれもKADOKAWA）、『書いて、捨てる！』『買わない暮らし。』『本当に心地いい部屋』（いずれも大和出版）がある。

ブログ「筆子ジャーナル」　https://minimalist-fudeko.com

装丁・デザイン　小口翔平＋阿部早紀子（tobufune）
イラスト　SHIMA
校正　小出美由規
DTP　株式会社明昌堂
編集協力　大橋史子（ペンギン企画室）
編集　佐藤千春　山田佳代子

身軽に、豊かに、自分らしく
50歳からのミニマリスト宣言！

発行日　2023年3月26日　初版第1刷発行
　　　　2023年9月20日　　　第3刷発行
著者　筆子
発行者　小池英彦
発行所　株式会社 扶桑社
〒105-8070
東京都港区芝浦1-1-1　浜松町ビルディング
電話　03-6368-8873（編集）
　　　03-6368-8891（郵便室）
www.fusosha.co.jp
印刷・製本　株式会社広済堂ネクスト

ISBN　978-4-594-09380-8